税務の基礎から
エッセンスまで

主要地方税
ハンドブック

税理士
山形 富夫

清文社

はじめに

　地方税は、全国に所在する1,700余の地方公共団体、すなわち、都道府県や市町村がその地域の住民や関係のある企業等に対して負担を求めている税金です。
　地方公共団体は、福祉、教育、安全対策や道路、上下水道をはじめとした社会資本の整備など、地域の住民の日常生活に密着した様々な行政サービスを提供しており、地方税は、これらの行政経費に充てるための財源として重要な役割を果たしています。

　地方税は、個々の地方公共団体がそれぞれ課税団体となり、その地域の関係者に負担を求める制度ですので、法制度的にも、考え方においても、国税の場合と比べて異なる部分が含まれたものとなっています。
　また、地方税の間口は広く、その制度も度重なる税制改正により年々複雑化しています。その課税の仕組みも、住民税や事業税のように国税である所得税や法人税を基礎に構築されているものもあれば、固定資産税のように市町村が固定資産を独自に評価して課税するものもあり複雑で難解なものとなっており、知りたいことがどこに規定されているかを探すのに相当の時間と労力を費やします。
　地方税は、国税に比べて一般的に馴染みの薄い税です。その理由は、①税理士等の実務家にとっては、実務が国税に偏りがちであること、②申告納税方式中心の国税と異なり、地方税は税額納付に賦課課税方式を採用しているため、どうしても受け身の対応となりがちなこと、などです。そのため、多くの税理士等専門家は何となく地方税に対して「苦手意識」を持っていたり、「理解不足」であることは否めません。

地方税に対する苦手意識を克服することは、実務家にとって日常業務を行う上で大変重要なことです。といいますのは、国税・地方税ともに多くの税目がありますが、単体で定められているわけではなく、それぞれが関連し合い体系的に規定されています。例えば、事業税について見てみますと、法人は活動するにあたり、地方公共団体から様々な行政サービスを受けています。法人事業税は、その行政サービスを維持していくための経費を会社も担うべきであるという考え方に基づき課されています。このような地方税の性質を把握することは、実務家や行政担当者が実務上の理解を深める上で重要です。

　そこで、本書は、地方税の基礎知識（考え方）、税務実務のエッセンスを取り上げて、計算式一辺倒の実務書とは全く異なり、地方税にかかわる場面ごとに、税理士等実務家や行政で税務部門を担当する方々にとって最低限必要となる情報をコンパクトに整理し、基本的な内容に焦点をあてて解説しています。

　本書が、地方税の実務に携わる税理士等の実務家はもとより、地方税に携わる方々や一般の納税者の皆様のお役に立つならば幸いです。

　終わりに、本書の発行にあたり、多大なご助力をいただいた清文社編集第三部の藤本優子氏に心から御礼申し上げます。

平成29年12月

税理士　山形　富夫

目次

第1章 地方税とは

1 地方団体と地方税 3
- 1 地方団体の課税権 …… 3
- 2 条例と地方税の関係 …… 3
- 3 地方税の賦課徴収に関する規定の形式 …… 4

2 地方税の種類(体系) 5
- 1 地方税とは …… 5
- 2 地方税の体系 …… 5
- 3 地方税の概要 …… 6
- 4 都及び特別区への準用 …… 9

3 税の課税要件 10

4 課税と徴収の方法 12

5 地方税と国税の関係 14

第2章 暮らしと税金

1 個人の都道府県民税・市区町村民税 17
- 1 概要 …… 17
- 2 納税義務者 …… 17
- 3 税額の計算 …… 18

- **4** 納税時期と方法 ·· 18
- **5** 個人住民税の申告 ·· 19
- **6** 公的年金等に係る確定申告不要制度と住民税の申告 ·········· 19
- **7** 所得金額（所得割の課税標準）····························· 19
- **8** 非課税の場合 ·· 20
- **9** 所得控除 ·· 21
- **10** 税額控除 ·· 24

2 都道府県民税利子割　28
- **1** 概要 ·· 28
- **2** 課税要件等 ·· 28

3 都道府県民税配当割　31
- **1** 概要 ·· 31
- **2** 課税要件等 ·· 31

4 都道府県民税株式等譲渡所得割　34
- **1** 概要 ·· 34
- **2** 課税要件等 ·· 34

5 地方消費税　38
- **1** 概要 ·· 38
- **2** 課税要件等 ·· 38

6 国民健康保険税＊　43
- **1** 概要 ·· 43
- **2** 課税要件等 ·· 43

第3章　仕事と税金

1 個人の事業税　55

- **1** 概要 ————————————————————— 55
- **2** 課税要件等 ————————————————— 55

2 法人の事業税　65

- **1** 概要 ————————————————————— 65
- **2** 課税客体 ——————————————————— 65
- **3** 納税義務者等 ————————————————— 66
- **4** 課税団体 ——————————————————— 66
- **5** 非課税 ———————————————————— 68
- **6** 事業年度 ——————————————————— 70
- **7** 課税標準 ——————————————————— 70
- **8** 法人事業税の標準税率 ————————————— 85
- **9** 算出税額から控除される事業税額 ———————— 89
- **10** 申告納付 —————————————————— 91
- **11** 期限後申告及び修正申告納付 ————————— 93
- **12** 分割法人の事業税額の算定方法及び課税標準額の総額の更正等 ———————————————— 94
- **13** 外形課税対象法人に係る納税猶予 ——————— 94
- **14** 更正及び決定 ———————————————— 94
- **15** 更正の請求 ————————————————— 96
- **16** 法人事業税の市町村に対する交付 ——————— 97

3 法人住民税　98

- **1** 概要 ————————————————————— 98
- **2** 納税義務者等 ————————————————— 98
- **3** 課税団体 ——————————————————— 103
- **4** 非課税 ———————————————————— 105
- **5** 均等割 ———————————————————— 106

- 6 法人税割 ……………………………………………………… 111
- 7 申告納付 ……………………………………………………… 117
- 8 分割法人に係る法人税割額の算定方法 ……………………… 123
- 9 修正申告及び更正の請求 …………………………………… 124
- 10 更正又は決定 ………………………………………………… 126

4 固定資産税（償却資産） 129
- 1 課税客体となる償却資産 …………………………………… 129
- 2 納税義務者 …………………………………………………… 134
- 3 課税団体 ……………………………………………………… 134
- 4 課税標準 ……………………………………………………… 136
- 5 償却資産税の評価 …………………………………………… 140
- 6 免税点及び申告 ……………………………………………… 142

5 事業所税＊ 143
- 1 課税客体及び納税義務者 …………………………………… 143
- 2 課税団体 ……………………………………………………… 144
- 3 非課税の範囲 ………………………………………………… 145
- 4 課税標準 ……………………………………………………… 149
- 5 税率及び免税点 ……………………………………………… 152
- 6 申告納付 ……………………………………………………… 153
- 7 事業所税の使途 ……………………………………………… 154

6 鉱区税 155
- 1 課税客体 ……………………………………………………… 155
- 2 納税義務者 …………………………………………………… 155
- 3 課税団体 ……………………………………………………… 155
- 4 課税標準 ……………………………………………………… 155
- 5 税率 …………………………………………………………… 156

- 6 賦課期日 ……………………………………………………… 156
- 7 徴収の方法 …………………………………………………… 156
- 8 納期 …………………………………………………………… 157

7 鉱産税　158

- 1 課税客体 ……………………………………………………… 158
- 2 納税義務者 …………………………………………………… 158
- 3 課税団体 ……………………………………………………… 158
- 4 課税標準 ……………………………………………………… 159
- 5 税率 …………………………………………………………… 159
- 6 徴収の方法等 ………………………………………………… 159
- 7 納期 …………………………………………………………… 159

8 水利地益税（都道府県民税）＊　160

- 1 課税客体 ……………………………………………………… 160
- 2 納税義務者 …………………………………………………… 160
- 3 課税団体 ……………………………………………………… 160
- 4 課税標準 ……………………………………………………… 160
- 5 課税限度額 …………………………………………………… 161
- 6 税率等 ………………………………………………………… 161

9 水利地益税（市区町村民税）＊　162

- 1 課税客体 ……………………………………………………… 162
- 2 納税義務者 …………………………………………………… 162
- 3 課税団体 ……………………………………………………… 162
- 4 課税標準 ……………………………………………………… 162
- 5 課税限度額 …………………………………………………… 163
- 6 税率等 ………………………………………………………… 163

10 共同施設税＊　164

- **1** 納税義務者 ……………………………………………… 164
- **2** 課税団体 ………………………………………………… 164
- **3** 課税限度額 ……………………………………………… 164
- **4** 税率等 …………………………………………………… 164

11 宅地開発税＊ 165

- **1** 課税客体 ………………………………………………… 165
- **2** 納税義務者 ……………………………………………… 165
- **3** 課税団体 ………………………………………………… 165
- **4** 課税標準 ………………………………………………… 165
- **5** 税率 ……………………………………………………… 166
- **6** 免除等 …………………………………………………… 166

第4章 不動産と税金

1 不動産取得税 169

- **1** 概要 ……………………………………………………… 169
- **2** 課税客体 ………………………………………………… 169
- **3** 納税義務者 ……………………………………………… 174
- **4** 非課税及び納税義務の免除 …………………………… 177
- **5** 課税標準 ………………………………………………… 184
- **6** 課税標準の特例措置 …………………………………… 185
- **7** 税率及び免税点 ………………………………………… 186
- **8** 税額の減額措置 ………………………………………… 188

2 固定資産税 190

- **1** 概要 ……………………………………………………… 190
- **2** 課税客体 ………………………………………………… 191

3	納税義務者	196
4	課税団体	199
5	非課税制度	201
6	課税標準	207
7	課税標準の特例	210
8	固定資産の評価及び価格等の決定	211
9	税率及び免税点	222
10	区分所有家屋及びその敷地（共用土地）に対する課税の特例	223
11	新築住宅等に対する固定資産税の減額措置	225
12	宅地等に対する税負担の調整措置	228
13	農地に対する固定資産税の課税	228
14	賦課徴収	229

3 都市計画税＊ 232

1	概要	232
2	課税客体等	232
3	非課税の範囲	233
4	課税標準	233
5	税率	234
6	賦課期日及び納期	234
7	賦課徴収等	234
8	土地に対する負担調整措置	235

第5章 自動車と税金

1 自動車取得税 239

- 1 概要 ……………………………………………………………… 239
- 2 課税客体 ………………………………………………………… 239
- 3 納税義務者 ……………………………………………………… 241
- 4 課税団体 ………………………………………………………… 242
- 5 非課税 …………………………………………………………… 242
- 6 課税標準 ………………………………………………………… 244
- 7 税率及び免税点 ………………………………………………… 245
- 8 低公害車及び低燃費車等に対する特例措置 ………………… 246
- 9 徴収の方法 ……………………………………………………… 246
- 10 自動車取得税の免除 …………………………………………… 247
- 11 自動車取得税の市町村に対する交付 ………………………… 247

2 自動車税 249
- 1 自動車税 ………………………………………………………… 249
- 2 自動車税（環境性能割） ……………………………………… 258

3 軽自動車税 259
- 1 軽自動車税 ……………………………………………………… 259
- 2 軽自動車税（環境性能割） …………………………………… 265

4 軽油引取税 266
- 1 概要 ……………………………………………………………… 266
- 2 軽油等の意義 …………………………………………………… 266
- 3 元売業者及び特約業者 ………………………………………… 268
- 4 軽油の引取りに対する課税 …………………………………… 277
- 5 課税免除 ………………………………………………………… 281
- 6 軽油引取税の指定市に対する交付 …………………………… 284

第6章 レジャーと税金

1 道府県たばこ税と市町村たばこ税　289
- 1 概要 … 289
- 2 納税義務者 … 289
- 3 課税客体 … 290
- 4 課税団体 … 290
- 5 課税標準 … 290
- 6 税率 … 291
- 7 課税免除 … 291
- 8 申告納付の手続 … 292
- 9 市町村たばこ税の都道府県に対する交付 … 292

2 ゴルフ場利用税　293
- 1 概要 … 293
- 2 納税義務者 … 293
- 3 課税客体 … 293
- 4 非課税 … 294
- 5 税率 … 294
- 6 特別徴収の手続 … 294
- 7 ゴルフ場利用税交付金 … 295

3 狩猟税＊　296
- 1 概要 … 296
- 2 納税義務者 … 296
- 3 課税客体 … 296
- 4 非課税 … 296
- 5 課税団体 … 297

- **6** 税率 297
- **7** 税率の特例 297
- **8** 賦課期日及び納期 298
- **9** 徴収の方法 299

4 入湯税＊ 300
- **1** 概要 300
- **2** 納税義務者 300
- **3** 課税客体 300
- **4** 課税団体 301
- **5** 税率 301
- **6** 徴収の方法 301

第7章 その他

1 法定外税 305
- **1** 設定手続 305
- **2** 総務大臣の同意 306
- **3** 法定外税の実施状況 306

（注）＊は目的税

凡例

本文中、文末引用の略称は、次のとおりです。

(1) 法令等
　　　地法…………地方税法
　　　地令…………地方税法施行令
　　　地規…………地方税法施行規則
　　　所法…………所得税法
　　　所令…………所得税法施行令
　　　所規…………所得税法施行規則
　　　法法…………法人税法
　　　法令…………法人税法施行令
　　　措法…………租税特別措置法
　　　措令…………租税特別措置法施行令
　　　措規…………租税特別措置法施行規則
　　　法基通………法人税基本通達

(2) 通知
　　　取扱通知(県)……地方税法の施行に関する取扱について
　　　　　　　　　　　（道府県税関係）
　　　　　　　　　　　〔平成22年4月1日総税都第16号各都道府県
　　　　　　　　　　　宛総務大臣通知〕
　　　取扱通知(市)……地方税法の施行に関する取扱について
　　　　　　　　　　　（市町村税関係）
　　　　　　　　　　　〔平成22年4月1日総税市第16号各都道府県
　　　　　　　　　　　宛総務大臣通知〕

◆参考文献
　平成28年10月改訂　地方税取扱いの手引　地方制度研究会編
　　　　　　　　　　　　　　　　　　　　　　((公財)納税協会連合会)
　平成28年度版　要説住民税　市町村税務研究会編（㈱ぎょうせい）
　平成29年版　図解　地方税（(一財)大蔵財務協会）

第1章

地方税とは

1 地方団体と地方税

1 地方団体の課税権

　都道府県、市町村又は特別区（以下「地方団体」といいます。）は、地域住民のために、福祉、教育、衛生、警察、消防等の行政サービスのほか、生活及び産業を支える基盤となる道路や上下水道等の社会資本の整備等、地域や住民の日常生活に密接に結びついた行政サービスを提供しています。

　地方税は、地方団体が、このような行政に要する経費に充てる財源を調達するため、その地域住民等から徴収する税金であり、地方団体の財政収入の太宗をなしています。

　この地方団体が地方税を賦課徴収しうる権能、すなわち地方団体の課税権は、地方団体の権能として、憲法、地方自治法及び地方税法に明示されており、例えば、地方税法第2条において「地方団体は、この法律の定めるところによって、地方税を賦課徴収することができる。」と定めています。

　地方団体は、この権能を、地域住民の代表により構成される議会によって制定される税条例によって具体化していきます。

2 条例と地方税の関係

　地方団体の住民である国民は、この地方税のほか、国税も負担しています。

　このため、国民から租税を徴収するにあたっては、国民の総合的な税負担や国と地方団体との役割分担に応じた税源配分等を考えて租税体系を組み立てる必要があります。

また、地方団体が課税権を行使するにあたっては、地方団体相互間の課税権の調整やその賦課徴収の手続等を明確にしておく必要があります。

　したがって、地方税法においては、地方団体の自主性を尊重しつつ、地方団体の賦課徴収できる税目、税率その他の手続等の地方税制に関する基本的な事項について、大枠が定められ、地方団体は、地方税法が定める規定の枠内で税条例を制定して、賦課徴収を行うことになります。

　このように地方税は、地方税法そのものによって賦課徴収されるものではなく、地方税法の枠内において、地方団体が制定した条例に基づき賦課徴収されるものであり、この点において、地方税法は、所得税や法人税等の国税に関する法律とはその趣旨を異にしています。

3 地方税の賦課徴収に関する規定の形式

　地方団体は、その地方税の税目、課税客体、課税標準、税率その他賦課徴収について規定するにあたり、その地方団体の条例によらなければなりません（地法3①）。

　また、地方団体の長は、条例の実施のための手続その他その施行について必要な事項を規則で定めることができます（地法3②）。

　なお、条例の制定にあたっては、法律が条令に委ねている事項だけでなく、法律等で規定されている事項のうち基本的なものは、重複をいとわず総合的に規定することが適当であるとされています。

2 地方税の種類（体系）

1 地方税とは

　地方税とは、地方団体がその地域内の税源から直接に賦課徴収するものをいい、それは、道府県（都）が課する道府県（都）税と市区町村が課する市町村税とに区分されます。そして、その税の使途から普通税[*1]と目的税[*2]とに区分されます。

（*1）普通税とは、税の使途が特定されていないものをいいます。
（*2）目的税とは、税の使途が特定されているものをいいます。

2 地方税の体系

地方税	道府県税	普通税	道府県（都）民税 事業税 地方消費税 不動産取得税 道府県たばこ税 ゴルフ場利用税	自動車取得税 軽油引取税 自動車税 鉱区税 道府県法定外普通税 固定資産税（特例分）
		目的税	狩猟税 水利地益権	道府県法定外目的税
	市町村税	普通税	市町村民税 固定資産税 軽自動車税 市町村たばこ税	鉱産税 特別土地保有税（課税停止） 市町村法定外普通税
		目的税	入湯税 事業所税 都市計画税 水利地益税	共同施設税 宅地開発税 国民健康保険税 市町村法定外目的税

第1章　地方税とは　　5

3 地方税の概要

(1) 道府県税

道府県税の税目のうち、主な税目の概要は次のとおりです。

税目	納税義務者	課税標準	税率
道府県民税	（個人） 都道府県内に住所を有する個人	均等割……定額課税	1,000円（ただし、平成26年度から平成35年度までは1,500円）
		所得割……前年の所得	4%
	（法人） 都道府県内に事務所等を有する法人等	均等割……定額課税	2万円〜80万円
		法人税割……法人税額又は個別帰属法人税額	3.2%（ただし、平成31年10月1日以後に開始する事業年度からは1%）
道府県民税	（配当割） 特定配当等の支払を受ける都道府県内に住所を有する個人	支払を受けるべき特定配当等の額	（一定税率） 5%
	（株式等譲渡所得割） 源泉徴収選択口座内における上場株式等の譲渡の対価等の支払を受ける都道府県内に住所を有する個人	特定株式等譲渡所得金額	（一定税率） 5%
事業税	事業を行う個人及び法人	個人……前年の所得 法人 ・付加価値割……付加価値額 ・資本割……資本金等の額 ・所得割……所得 ・収入割……収入金額	後記62頁、85〜89頁を参照

税目	納税義務者	課税標準	税率
地方消費税	（譲渡割） 課税資産の譲渡等を行った事業者 （貨物割） 課税貨物を保税地域から引き取る者	（譲渡割） 課税資産の譲渡等に係る消費税額から仕入等に係る消費税額等を控除した消費税額 （貨物割） 課税貨物に係る消費税額	（一定税率） ・平成26年4月から63分の17 ・平成31年10月から78分の22
不動産取得税	不動産の取得者	取得した不動産の価格	4％（ただし、土地及び住宅は平成18年4月1日から平成30年3月31日までは3％）
道府県たばこ税	卸売販売業者等	製造たばこの本数	（一定税率） 1,000本につき860円
ゴルフ場利用税	ゴルフ場の利用者		1人1日につき800円
自動車取得税	自動車の取得者	自動車の取得価額	（一定税率） 3％（ただし、営業用自動車及び軽自動車の取得は2％）
軽油引取税	現実の納入を伴う軽油の引取りを行う者等	軽油の数量	（一定税率） 1kℓにつき15,000円（ただし、当分の間、1kℓにつき32,100円）
自動車税	自動車の所有者		例：自家用自動車（1,000cc超1,500cc以下） 年額34,500円
鉱区税	鉱業権者	鉱区の面積	（一定税率） 例：砂鉱以外の採掘鉱区100アールごとに年額400円
固定資産税（特例分）	大規模償却資産の所有者	市町村が課することができる固定資産税の課税標準となるべき額を超える部分の金額	1.4％
狩猟税	狩猟者の登録を受ける者		（一定税率） 5,500円〜16,500円

（注）上表の税率は、一定税率と記載されているものを除き、標準税率です。
　　また、退職所得の分離課税に係る所得割の税率は、一定税率とされています。

(2) 市町村税

市町村税の税目のうち、主な税目の概要は次のとおりです。

税目	納税義務者	課税標準	税率
市町村民税	（個人）市区町村内に住所を有する個人	均等割……定額課税	3,000円（ただし、平成26年度から平成35年度までは3,500円）
		所得割……前年の所得	6%
市町村民税	（法人）市区町村内に事務所等を有する法人等	均等割……定額課税	5万円～300万円
		法人税割……法人税額又は個別帰属法人税額	9.7%（ただし、平成31年10月1日以後に開始する事業年度からは6%）
固定資産税	固定資産の所有者	価格	1.4%
軽自動車税	軽自動車等の所有者		例：四輪以上の自家用軽自動車……年額10,800円（この税率は平成27年4月1日以後に初めて車両番号の指定を受けたものに適用）
市町村たばこ税	卸売販売業者等	製造たばこの本数	（一定税率）1,000本につき5,262円
鉱産税	鉱業者	鉱物の価格	1%
特別土地保有税（課税停止）	土地の所有者又は取得者	土地の取得価額	（一定税率）土地に対するもの……1.4%土地の取得に対するもの……3%
入湯税	入湯客		1人1日につき150円
事業所税	事業所等において事業を行う者	資産割……事業所床面積 従業者割……従業者給与総額	（一定税率）資産割……1㎡につき600円 従業者割……0.25%
都市計画税	原則として、市街化区域内に所在する土地又は家屋の所有者	価格	0.3%（制限税率のみが定められています。）

(注1) 上表の税率は、一定税率又は制限税率と記載されているものを除き、標準税率です。
また、退職所得の分離課税に係る所得割の税率は、一定税率とされています。
(注2) 特別土地保有税は、土地の有効利用の促進を目的とした税で、土地の所有（保有分）と取得（取得分）にかかるものです。ただし、平成15年度以降、新たな課税は停止されています。

4 都及び特別区への準用

　地方税法中、道府県に関する規定は都に、市町村に関する規定は特別区に準用します（地法1②）。

　したがって、それぞれ次のとおり読み替えます。

道府県	都	市町村	特別区
道府県税	都税	市町村税	特別区税
道府県民税	都民税	市町村民税	特別区民税
道府県たばこ税	都たばこ税	市町村たばこ税	特別区たばこ税
道府県知事	都知事	市町村長	特別区長
道府県職員	都職員	市町村職員	特別区職員

3 税の課税要件

税に関する法律や条例では、次の5つの要素が定められています。
① **課税主体**
　課税権に基づいて税金を課し、徴収する主体となるもの(国、都道府県、市町村など)
② **課税客体**
　税金が課される対象となる物、行為又は事実等
③ **納税義務者**
　納税義務があると定められた個人又は法人
④ **課税標準**
　課税客体を具体的に数量又は金額で表したもの
⑤ **税率**
　課税標準に対して適用される税額の割合で、一定の金額による場合と一定の率による場合があります。

$$課税標準 \times 税率 = 税額$$

　地方団体の採るべき税率について、標準税率、制限税率、一定税率及び任意税率が定められており、その意義は次のとおりです。
■**標準税率**
　地方団体が課税する場合において通常よるべき税率として地方税法に定められている税率で、その財政上その他の必要があると認める場合においては、これと異なる税率を定めることができます(地

法1五)。

■**制限税率**

　地方団体が課税する場合において超えてはならないものとして地方税法に定められている税率です。

■**一定税率**

　地方団体が課税する場合において地方税法に定められている税率以外の税率によることができない税率です。

■**任意税率**

　地方税法に税率が定められておらず、地方団体が任意に定めることができる税率です。すなわち、地方団体が法定外税等で、独自に定めることができる税率です。

4 課税と徴収の方法

　税を課し、これを納付する方法及びその方法で納付する税は、次のとおりです。

　なお、個人の住民税のように、同じ税金でも複数の方法がとられているものがあります。

① **申告納付**

　　納税者が、自分で納める税額を計算し、申告して納付します（地法1①八）。

　　⇒　法人住民税、法人事業税、自動車取得税、軽油引取税（自己消費分など）、事業所税、都道府県たばこ税、地方消費税、特別土地保有税

② **特別徴収（申告納入）**

　　税金を地方団体に代わって徴収する義務を課せられた方（特別徴収義務者）が、納税者から販売代金などと一緒に税金を預かり、この預かった税金を申告して納付します（地法1①九）。

　　⇒　個人の住民税（給与所得者など）、道府県民税利子割、道府県民税配当割、道府県民税株式等譲渡所得割、ゴルフ場利用税、軽油引取税（元売業者・特約業者の引渡し分）、宿泊税

③ **普通徴収**

　　市区町村等が、法律や条例で定められた方法で税額を決定し、その税額や納期、納付場所などを記載した納税通知書[*]を納税者に送り、それによって納付します（地法1①七）。

⇒ 個人の住民税（個人事業者など）、個人の事業税、不動産取得税、自動車税（年額課税分）、固定資産税、都市計画税、鉱区税

（＊）納税通知書とは、納税者が納付すべき地方税について、その賦課の根拠となった法律及びその地方団体の条例の規定、納税者の住所及び氏名、課税標準額、税率、税額、納期、各納期における納付額、納付の場所並びに納期限までに税金を納付しなかった場合に執られる措置及び賦課に不服がある場合における救済方法を記載した文書で、その地方団体が作成するものをいいます（地法1①六）。

④ **証紙徴収**

申告書などに証紙を貼って納付するか、証紙に代えて現金で納付します（地法1①十三）。

⇒ 狩猟税、自動車税（月割課税（新規登録）分）

⑤ **納入金**

特別徴収義務者が徴収し、かつ、納入すべき地方税をいいます（地法1①十二）。

⑥ **地方団体の課徴金**

地方税並びにその督促手数料、延滞金、過少申告加算金、不申告加算金、重加算金及び滞納処分費をいいます（地法1①十四）。

5 地方税と国税の関係

　税金には、国に納める国税と地方団体に納める地方税とがあります。さらに地方税は、都道府県に納める都道府県民税と市区町村に納める市区町村税とに分かれます。

　国税の場合には、国が課税権をもち、国の税務関係機関により税務行政が行われ、所得税、法人税等にみられるように、法制的にも課税、納税等の関係が国と納税者の間においてきわめて直接的であるのに対し、地方税の場合には、国全体の立場からみた地方税制度を念頭に置きながら、一方において地方自治、負担分任、各地方団体の課税権にも配慮が払われています。地方税法、政令、省令、諸通知等から地方税の法体系が成り立っている点は、国税の場合と同様ですが、それらの中に上記で指摘した部分が含まれています。

第 2 章

暮らしと税金

1 個人の都道府県民税・市区町村民税

1 概要

　個人の都道府県民税と市区町村民税とをあわせて、一般に「個人住民税」と呼ばれています。都道府県や市区町村が行う住民に身近な行政サービスに必要な経費を、住民にその担税力に応じて広く分担してもらうものです。個人住民税は、前年の所得金額に応じて課税される「所得割」と、定額で課税される「均等割」からなっています。ただし、都道府県内に事務所や家屋敷を持っている者で、その市区町村に住所がない場合には、均等割だけが課税されます。

　1月1日現在、都道府県内に住んでいる方が課税の対象となり、各市区町村が都道府県民税と市区町村民税とをあわせて課税の計算や徴収を行っています。

2 納税義務者

所得割	均等割	区分
○	○	1月1日現在で、都道府県内に住所がある者
×	○	1月1日現在、都道府県内に事務所・家屋敷を有する者（借りている場合を含み、貸している場合は除きます。）で、その市区町村内に住所がない者

(注)○……課税対象　　×……課税対象外
(地法23、24、39、292、294、318)

3 税額の計算

1年間の税額は、次の所得割額(1)と均等割額(2)の合計額です。

(1) 所得割額

所得割額＝(前年の総所得金額等－所得控除額)×税率$^{(*)}$－税額控除額

(*)税率は、都道府県民税4％、市区町村民税6％（地法35①前段、314の3①前段）

(2) 均等割額

均等割額は、都道府県民税額が1,000円、市区町村民税額が3,000円です（地法38、310）。

なお、平成26年度から35年度までの間、地方自治体の防災対策に充てるため、都道府県民税・市区町村民税の均等割額にそれぞれ500円が加算され、1,500円、3,500円となっています（東日本大震災からの復興に関し地方公共団体が実施する防災のための施策に必要な財源の確保に係る地方税法の臨時特例に関する法律第2条）。

4 納税の時期と方法

(1) 給与所得者

6月から翌年5月までの12回に分けて、毎月の給与から特別徴収されます。

(2) 公的年金等受給者（65歳以上）

年金の受給月である4月・6月・8月・10月・12月・翌年2月の6回に分けて、年金の額から特別徴収されます。

(3) 上記(1)及び(2)以外の者

市区町村から送付される納税通知書によって、原則として、6月・8月・10月・翌年1月の4回に分けて納付します。

5 個人住民税の申告

　申告期限は3月15日です。前年1年間（1月1日から12月31日）の所得を1月1日現在の住所地の市区町村に申告します。
　ただし、所得税の確定申告書を税務署に提出した場合には、住民税の申告書を提出する必要はありません。
　また、給与所得のみの者は住民税の申告書を提出する必要はありません。ただし、医療費控除、雑損控除などを受けようとする場合は、期限までに住民税の申告書を提出する必要があります。

6 公的年金等に係る確定申告不要制度と住民税の申告

　公的年金等の収入金額の合計額が400万円以下で、かつ、その他の所得金額が20万円以下の者については、所得税の確定申告は不要です。ただし、所得税の還付を受けるためには確定申告が必要です。この確定申告不要制度により確定申告を行わなかった者のうち、公的年金等以外の所得がある者や医療費控除や雑損控除などを受けようとする者は住民税の申告が必要になります。

7 所得金額（所得割の課税標準）

　所得金額とは、前年1年間の収入金額から必要経費等を差し引いた金額です（地法32②、313②）。
　所得の種類は、次のとおりです。

(1) 合算して所得が計算されるもの

所得の種類		所得金額の計算方法（概要）
利子所得 （分離課税のものを除きます。）		収入金額
配当所得 （分離課税のものを除きます。）		収入金額－株式などを取得するための借入金の利子
不動産所得		総収入金額－必要経費
事業所得		総収入金額－必要経費
給与所得		収入金額－給与所得控除額
譲渡所得(*1)		総収入金額－（取得費＋譲渡費用）－特別控除額
一時所得(*2)		総収入金額－その収入を得るために支出した金額－特別控除額
雑所得	公的年金	公的年金等の収入金額－公的年金等控除額
	その他	総収入金額－必要経費

（*1）長期の譲渡所得は$\frac{1}{2}$が課税対象

（*2）$\frac{1}{2}$が課税対象

(2) 他の所得と合算せず計算されるもの

所得の種類	所得金額の計算方法（概要）
山林所得	総収入金額－必要経費－特別控除額
退職所得	（収入金額－退職所得控除額）×$\frac{1}{2}$
土地・建物等の譲渡所得	総収入金額－（所得費＋譲渡費用）－特別控除額
株式等の譲渡所得等	総収入金額－（取得原価＋諸費用等）
先物取引に係る雑所得等	純利益
上場株式等の配当所得	収入金額－株式などを取得するための借入金の利子

8 非課税の場合

（地法24の5、295、地法附則3の3、地令47の3）

(1) 所得割、均等割とも非課税

次に掲げる者は、所得割、均等割とも非課税となります。

① 生活保護法による生活扶助を受けている者
② 障害者、未成年者、寡婦又は寡夫で、前年中の合計所得金額が125万円以下（給与所得者の場合は、年収2,044,000円未満）の者
③ 前年中の合計所得金額が市区町村の条例で定める金額以下の者

例：23区内の場合

（イ）控除対象配偶者又は扶養親族がいる場合

(35万円×(本人・控除対象配偶者・扶養親族の合計人数)＋21万円)以下

（ロ）控除対象配偶者及び扶養親族がいない場合

35万円以下

なお、上記（イ）、（ロ）に該当する場合でも、退職所得に係る分離課税の所得割は課税されます。

(2) 所得割のみ非課税

前年中の総所得金額等が、次の額以下の者は、所得割のみ非課税となります。

① 控除対象配偶者又は扶養親族がいる場合

(35万円×(本人・控除対象配偶者・扶養親族の合計人数)＋32万円)以下

② 控除対象配偶者及び扶養親族がいない場合

35万円以下

なお、上記①、②に該当する場合でも、退職所得に係る分離課税の所得割は課税されます。

9 所得控除

所得控除は、所得金額から差し引くことができるもので、住民税には次のような控除があります。

これは、納税者に、扶養親族が何人いるのか、病気や災害などによる出費があったなど個人的な事情も考慮して税負担を求めるために設けられています。

種類	平成29年度住民税の所得控除額	(参考) 平成28年分所得税の所得控除額
雑損控除	次の①又は②のうち多い額 ①損失額(保険金等の補填額を除きます。) － 総所得金額等×10% ②災害関連支出の金額 － 50,000円	同左 ただし、総所得金額等により控除額に差が生じることがあります。
医療費控除	(平成28年中に支払った医療費(保険金等の補填額を除きます。)) － 総所得金額等×5%(*) (*)10万円超の場合は10万円。 控除限度額は200万円。	同左 ただし、総所得金額等により控除額に差が生じることがあります(平成28年中に支払った医療費の額で計算)。
社会保険料控除	平成28年中に支払った額	平成28年中に支払った額
小規模企業共済等掛金控除	平成28年中に支払った額	平成28年中に支払った額
生命保険料控除	①一般の生命保険料 ・平成23年以前加入　　限度額 35,000円 ・平成24年以後加入　　限度額 28,000円 ②介護医療保険料 ・平成24年以後加入　　限度額 28,000円 ③個人年金保険料 ・平成23年以前加入　　限度額 35,000円 ・平成24年以後加入　　限度額 28,000円 ①+②+③ 　限度額はあわせて 70,000円	①一般の生命保険料 ・平成23年以前加入　　限度額 50,000円 ・平成24年以後加入　　限度額 40,000円 ②介護保険料 ・平成24年以後加入　　限度額 40,000円 ③個人年金保険料 ・平成23年以前加入　　限度額 50,000円 ・平成24年以後加入　　限度額 40,000円 ①+②+③ 　限度額はあわせて 120,000円

地震保険料控除	・地震保険料……最高 25,000 円 ・経過措置として、平成18年末までに締結した長期損害保険契約等に係る支払保険料については、従前の損害保険料控除を適用する。 ………………最高 10,000 円 ・地震保険料控除と経過措置を併用する場合…最高 25,000 円	・地震保険料……最高 50,000 円 ・経過措置として、平成18年末までに締結した長期損害保険契約等に係る支払保険料については、従前の損害保険料控除を適用する。………最高 15,000 円 ・地震保険料控除と経過措置を併用する場合…最高 50,000 円
障害者控除	本人・控除対象配偶者・扶養親族（一人につき）……26万円 （特別障害者の場合……30万円） （控除対象配偶者又は扶養親族が同居の特別障害者の場合 ………………53万円）	本人・控除対象配偶者・扶養親族（一人につき）……27万円 （特別障害者の場合………40万円） （控除対象配偶者又は扶養親族が同居の特別障害者の場合 ………………75万円）
寡婦（寡夫）控除	本人が寡婦又は寡夫………26万円 特定の寡婦……………30万円	本人が寡婦又は寡夫………27万円 特定の寡婦……………35万円
勤労学生控除	本人が勤労学生…………26万円	本人が勤労学生…………27万円
配偶者控除	70歳未満の配偶者………33万円 70歳以上の配偶者………38万円	70歳未満の配偶者………38万円 70歳以上の配偶者………48万円
配偶者特別控除	最高 33万円	最高 38万円
扶養控除	一般の扶養親族（16歳以上19歳未満）………………33万円 特定扶養親族（19歳以上23歳未満）………………45万円 一般の扶養親族（23歳以上70歳未満）………………33万円 老人扶養親族（70歳以上） ………………38万円 老人扶養親族のうち同居老親等（70歳以上）………45万円	一般の扶養親族（16歳以上19歳未満）………………38万円 特定扶養親族（19歳以上23歳未満）………………63万円 一般の扶養親族（23歳以上70歳未満）………………38万円 老人扶養親族（70歳以上） ………………48万円 老人扶養親族のうち同居老親等（70歳以上）………58万円
基礎控除	33万円	38万円

（地法34、314の2）

10 税額控除

(1) 配当控除

当分の間、個人住民税の所得割の納税義務者の前年の総所得金額の前年の総所得金額に、配当所得があるときは、法人段階における支払配当に対する課税（法人住民税）と個人段階における受取配当に対する課税（個人住民税）との二重課税を調整するため、国税と同様の観点から、個人住民税においても所得割額から配当所得の一定額が控除されます（地法附則5）。

① 配当控除率

配当控除率は、次のとおりです（地法附則5）。

課税総所得金額、上場株式等に係る課税配当所得の金額、課税長期・短期譲渡所得金額、一般株式等及び上場株式等に係る課税譲渡所得等の金額及び先物取引に係る課税雑所得等の金額の合計額	1,000万円以下の場合		1,000万円を超える場合			
			1,000万円以下の部分の金額		1,000万円超の部分の金額	
	都道府県民税	市区町村民税	都道府県民税	市区町村民税	都道府県民税	市区町村民税
ⅰ）剰余金の配当、利益の配当、剰余金の分配又は特定株式投資信託の収益の分配	1.2%	1.6%	1.2%	1.6%	0.6%	0.8%
ⅱ）特定株式投資信託以外の証券投資信託の収益の分配（ⅲの収益の分配を除きます。）	0.6%	0.8%	0.6%	0.8%	0.3%	0.4%
ⅲ）一般外貨建等証券投資信託の収益の分配	0.3%	0.4%	0.3%	0.4%	0.15%	0.2%

② 控除額の計算

配当控除額＝配当所得の金額×①の控除率

(2) 外国税額控除

　個人住民税の納税義務者が、外国の法令により課される所得税又は個人住民税に相当する税を課された場合には、国際的な二重課税を回避するため、個人住民税においても、所得税との関係を考慮しながら、外国税額控除が行われます（地法37の3、314の8）。

(3) 寄附金税額控除

① 概要

　地方公共団体や一定の団体等に対して2,000円を超える寄附金を支払った場合、個人住民税から控除することができます（地法37の2、314の7、地法附則5の5～5の7、地令7の17、7の18、48の9、地令附則4の5）。あらましは、次のとおりです。

寄附金の種類	寄附金税額控除額
A　都道府県又は市区町村に対する寄附金（「ふるさと納税」）	基本控除額（10%）＋特例控除額
B　住所地の都道府県共同募金会に対する寄附金	基本控除額（10%）
C　住所地の日本赤十字支部に対する寄附金	
D　都道府県が条例で指定した寄附金	基本控除額 （都道府県民税分4%）
E　市区町村が条例で指定した寄附金	基本控除額 （市区町村民税分6%）
F　都道府県及び市区町村が条例で指定した寄附金	基本控除額（都道府県民税分4%＋市区町村民税分6%）

② ふるさと納税ワンストップ特例制度

　平成27年度の税制改正において、確定申告が不要な給与所得者等が寄附を行う場合は、ワンストップで控除を受けられる「ふるさと納税ワンストップ特例制度」（以下「申告特例」といいます。）が創設されました（地法附則7、7の2、7の3）。

確定申告を行わない給与所得者等が、寄附を行う際、個人住民税課税市区町村に対する寄附金の税額控除申請を寄附先団体が寄附者に代わって行うことを要請できることとされ、この要請を受けた寄附先団体は、控除に必要な事項を寄附者の個人住民税課税市町村に通知することとなりました。

また、この特例が適用される場合は、所得税控除分相当額を含め、翌年度の個人住民税から控除され、原則として、現行制度（確定申告を行った場合）と同額が控除されます。

(4) 調整控除

調整控除は、税源移譲に伴う調整措置の一環として、個人住民税に、所得税と個人住民税の人的控除額の差に基づく負担増を調整するために設けられています（地法37、314の6、平18改正地法附則5②、11②）。

(5) 配当割額・株式等譲渡所得割額の控除

都道府県民税配当割、都道府県民税株式等譲渡所得割が特別徴収された配当所得等を申告した場合には、所得割として課税され、所得割額から先に特別徴収されている配当割額・株式等譲渡所得割額が控除されます（地法37の4、314の9、地法附則5）。

(6) 住宅借入金等特別控除（住宅ローン控除）

① 税源移譲の際に創設された住宅借入金等特別税額控除

所得税から個人住民税への税源移譲に伴い、個人の所得税額が減少することにより、所得税額から控除できる住宅ローン控除額が控除しきれなくなる一方、その税源移譲により個人住民税の負担が増加することとなることから、住宅ローンの既存適用者の税負担が増加することになります。

そこで、その既存適用者の税負担が増加しないように、税源移譲前の所得税において控除することができた額と同等の控除ができるよう

に個人住民税において調整措置が講じられています（地法附則5の4）。

② **平成 21 年度の税制改正によって創設された住宅借入金等特別税額控除**

平成 22 年度から平成 41 年度までの各年度の個人住民税に限り、所得割の納税義務者が、一定の要件に該当する場合には、一定の額が、その者の翌年度分の個人住民税の所得割額（上記(4)の調整控除額を控除した後のもの）から控除されます（地法附則5の4の2）。

2 都道府県民税利子割

1 概要

　利子割は、都道府県が、利子等に係る所得を他の所得と区分し、支払を受ける利子等に対し5％の税率でその支払を受ける個人に対して課される都道府県民税です。利子割は、特別徴収義務者として指定された利子等の支払又はその取扱いをする者（金融機関等）がその利子等の支払の際に5％の税率で特別徴収します。この分離課税による利子割の特別徴収によって、この利子等の利子所得に係る個人住民税の課税関係は完結します。

2 課税要件等

(1) 納税義務者

　納税義務者は、利子等の支払又はその取扱いをする者（銀行等の金融機関等）の営業所等で都道府県内に所在するものを通じて利子等の支払を受ける個人です（地法24①五）。

(2) 課税団体

　課税団体は、利子等の支払又はその取扱いをする金融機関等の営業所等が所在する都道府県です（地法24①五、⑧、地令7の4の2）。

(3) 課税対象

　課税対象は、支払を受けるべき利子等（所得税において源泉分離課税の対象とされる利子等）（地法23①十四、71の5、措法3）です。

　なお、留意すべき事項として、次のものがあります。

① 私募公社債等運用投資信託等の収益の分配に係る配当等及び国外私募公社債等運用投資信託等の配当等は、利子割の課税対象となります。
② 平成25年度の税制改正において、平成28年1月1日以後に支払を受ける特定公社債等の利子等については、利子割の課税対象から除外され、配当割の課税対象とされています（地法23①十四・十五、71の31）。
③ 平成25年度の税制改正において、平成28年1月1日以後に支払を受ける一般公社債等の利子等については、引き続き利子割の課税対象となります。ただし、同族会社が発行した社債の利子でその同族会社の判定の基礎となった株主等が支払を受けるものは、総合課税の対象となります（地法23①十四）。

(4) 非課税の範囲

次に掲げるものは非課税とされています。
① 障害者等の少額預金の利子等、障害者等の少額公債の利子及び勤労財産形成住宅貯蓄・年金貯蓄の利子等など（地法23①十四イ、ハ）
② ①に掲げる利子等以外の利子等で所得税法において非課税とされているもの（当座預金の利子、こども銀行の預貯金の利子等、特定寄附信託の信託財産につき生じる利子、納税準備預金の利子及び納税貯蓄組合預金の利子など）（地法71の5②）
③ 非居住者が支払を受ける利子等（地法25の2）

(5) 課税標準

課税標準は、支払を受ける利子等の額です（地法71の5①）。

なお、利子等の額は、所得税法その他の所得税に関する法令の規定の例によって算定します。

(6) 税率

税率は5％です（地法71の6）。

なお、所得税は15％、復興特別所得税は0.315％とされています（措法3、

復興財確法28)

(7) 外国税額控除

　国外一般公社債等の利子等又は国外私募公社債等運用投資信託等の配当等について課された外国所得税の額が租税特別措置法第3条の3第4項第1号又は第8条の3第4項第1号の規定により所得税額から控除することとされた額を超えるときは、その超える金額を利子割額から控除します。この場合、この外国所得税額は、所得割の外国税額控除の適用対象には含まれません（地法71の8）。

(8) 特別徴収の手続

① 　都道府県の条例によって特別徴収義務者として指定された金融機関等（都道府県内に利子等の支払の事務又は利子等の支払の取扱いの事務を行う営業所等を有するもの）が徴収します（地法71の9、71の10①）。

② 　特別徴収義務者は、利子等の支払の際（特別徴収義務者が利子等の支払の取扱いをする者である場合には、利子等の交付の際）、利子割を徴収し、徴収の日の属する月の翌月10日までに、納入申告書（総務省令第12号の3様式）を、利子等の支払又は支払の取扱いの事務を行う営業所等の所在地の都道府県知事に提出し、その納入金をその都道府県に納入しなければなりません（地法71の10②）。

(9) 利子割交付金

① 　都道府県は、次の算式で算出された額を都道府県内の市区町村に対して交付します（地法71の26、地令9の14）。

$$\text{納入された利子割額} \times \frac{99}{100} \times \frac{3}{5} \times \frac{\text{各市町村に係る個人都道府県民税の額}}{\text{その都道府県の個人都道府県民税の額の合計額}}$$

② 　交付時期は、8月、12月及び3月とされています。

3 都道府県民税配当割

1 概要

　配当割は、都道府県が、特定配当等(*)の支払を受ける個人に対し、その特定配当等に対して課す都道府県民税です。配当割の徴収は、特別徴収義務者として指定された特定配当等の支払をする者がその特定配当等の支払の際に5％の税率で特別徴収します。
（*）特定配当等とは、上場株式等の配当等（特定公社債等の利子等を含みます。）及び割引債の償還金（特定口座において支払われるものを除きます。）に係る差益金額をいいます。

2 課税要件等

(1) 納税義務者

　納税義務者は、特定配当等の支払を受ける個人でその特定配当等の支払を受ける日現在において都道府県内に住所を有する者です（地法24①六）。

(2) 課税団体

　課税団体は、特定配当等の支払を受ける個人の住所所在の都道府県です（地法24①六）。

(3) 課税対象

　課税対象は、次の特定配当等です（地法23①十五）。
　① 　上場株式等の配当等（所得税法第23条第1項に規定する利子等（一般利子等を除きます。）又は同法第24条第1項に規定する配当等（私募公社

債等運用投資信託等の収益の分配に係る配当等を除きます。）で次に掲げるものをいいます（措法8の4①、37の11②、措令25の9②、措規18の10①）。）

(イ) 金融商品取引所に上場されている株式等その他これに類するものの利子等又は配当等

(ロ) 投資信託でその設定に係る受益権の募集が公募により行われるものの収益の分配

(ハ) 特定投資法人の投資口の配当等

(ニ) 特定受益証券発行信託の収益の分配

(ホ) 特定目的信託の社債的受益権の剰余金の配当

(ヘ) 特定公社債の利子

② 割引債の償還金（特定口座において支払われるものを除きます。）に係る差益金額（租税特別措置法第41条の12の2第1項各号に掲げる償還金に係る同条第6項第3号に規定する差益金額をいいます）。

(4) 課税標準

① 支払を受ける特定配当等の額（地法71の27）。

② 国外特定配当等（国外投資信託等の配当等及び国外株式の配当等をいいます。）の支払の際に徴収される外国所得税額があるときは、その国外特定配当等の額からその外国所得税額を控除したものが課税対象となります（地法71の29）。

(5) 税率（特別徴収税率）

税率は5%です（地法71の28）。

なお、所得税は15％、復興特別所得税は0.315％とされています（措法9の3、復興財確法28）。

(6) 特別徴収の手続

特定配当等の支払を受ける日現在において都道府県内に住所を有する個

人に対して特定配当等の支払をする者がその都道府県の条例によって特別徴収義務者として指定され、この者が徴収します（地法71の30、71の31①）。特別徴収義務者は、配当等の支払の際に配当割を特別徴収し、翌月の10日までに納入申告書（総務省令第12号の7様式）を提出し、その納入金をその都道府県に納入しなければなりません（地法71の31②）。

(7) 申告及び配当割額の控除

　配当割の課された特定配当等に係る所得は、所得割の課税標準である総所得金額から除外され、その所得については、個人住民税の申告を要しません（地法32⑫、⑬・313⑫、⑬）。ただし、その特定配当等に係る所得のうち、上場株式等に係る配当所得等を申告してその配当所得等について配当所得等に係る分離課税の適用を、また、総合課税のできる一定の所得を申告してその所得について総合課税の適用を受けることもできます。

　申告をした場合には、その者の課されるその年度分の所得割額から、その特定配当等に係る配当割額（特別徴収税額）が控除されます（地法32⑫、⑬、37の4、313⑫、⑬、314の9、地法附則33の2）。

　この場合、その配当割額に5分の2を乗じて得た金額を都道府県民税の所得割額から控除し、その配当割額に5分の3を乗じて得た金額を市区町村民税の所得割額から控除します（地法37の4、314の9）。

(8) 配当割交付金

　都道府県から、次の算式で得た額が、都道府県内の市区町村に対して8月、12月及び3月に交付されます（地法71の47、地令9の18、9の19）。

$$A \times \frac{3}{5} \times \frac{B}{C} = 配当割交付金$$

```
A：納入された配当割額に100分の99を乗じた額
B：各市区町村に係る個人都道府県民税の額
C：その都道府県の個人都道府県民税の額の合計額
```

4 都道府県民税株式等譲渡所得割

1 概要

　株式等譲渡所得割は、都道府県が、源泉徴収選択口座（所得税において源泉徴収することを選択した特定口座をいいます。以下「選択口座」といいます。）における上場株式等の譲渡対価等の支払を受ける個人に対して課する都道府県民税です。

　株式等譲渡所得割の徴収は、特別徴収義務者として指定された特定口座が開設されている金融商品取引業者等でその個人に対してその譲渡対価等の支払をする者が支払をする際に5％の税率で特別徴収します。

2 課税要件等

(1) 納税義務者

　納税義務者は、その選択口座に係る特定口座内保管上場株式等の譲渡対価又はその選択口座において処理された上場株式等の信用取引等に係る差金決済に係る差益に相当する金額（以下「特定株式等譲渡対価等」といいます。）の支払を受ける個人で、その譲渡対価等の支払を受ける日の属する年の1月1日現在において都道府県内に住所を有する者です（地法24①七）。

(2) 課税団体

　課税団体は、その特定株式等譲渡対価等の支払を受けるべき日の属する年の1月1日現在におけるその支払を受ける個人の住所所在の都道府県で

す（地法24①七）。

(3) 課税対象

課税対象は、金融商品取引業者、登録金融機関又は投資信託委託会社（以下「金融商品取引業者等」といいます。）に開設した選択口座においてその年中に行われたその選択口座に係る特定口座内保管上場株式等の譲渡又はその選択口座において処理された上場株式等の信用取引等に係る差金決済（以下「対象譲渡等」といいます。）により生じた選択口座内調整所得金額（以下「特定株式等譲渡所得金額」といいます。）です（地法23①十七）。

(4) 課税標準

課税標準は、特定株式等譲渡所得金額です（地法71の48）。

(5) 税率（特別徴収税率）

税率は5％です（地法71の49）。

なお、所得税は15％、復興特別所得税は0.315％とされています（措法37の11の4、復興財確法28）。

(6) 特別徴収の手続

徴収は、次の手続により行います（地法71の50、71の51、地令9の20）。

① その選択口座が開設されている金融商品取引業者等で特定株式等譲渡対価等の支払を受ける日の属する年の1月1日現在において都道府県に住所を有する個人に対してその特定株式等譲渡対価等の支払をする者が特別徴収義務者として指定されます。

② 特別徴収義務者は、その選択口座内において行われた対象譲渡等により特定株式等譲渡所得金額が生じたときは、その譲渡対価等の支払をする際、株式等譲渡所得割を特別徴収します。

③ その選択口座内において行われた対象譲渡等によりその年の1月1日から対象譲渡等の時以前の譲渡等に係る通算所得金額がその年の1月1日から対象譲渡等の時の前の譲渡等に係る通算所得金額に満た

ないこととなったときは、特別徴収義務者により、その都度、その個人に対して、その満たない金額に5％を乗じて計算した金額が還付されます。この場合、その還付は、その還付すべき金額をその年中において特別徴収した金額で翌年の1月10日に納入すべきものから控除して行うこととされています。

④ 特別徴収義務者は、年末において還付されずに残っている特別徴収税額を原則として翌年1月10日までに納入申告書（総務省令第12号の10様式）を提出し、その納入金をその都道府県に一括して納入しなければなりません。

(7) 申告及び株式等譲渡所得割額の控除

株式等譲渡所得割の課された特定株式等譲渡所得金額は、所得割の課税標準である総所得金額から除外され、その所得金額については、個人住民税の申告を要しません（地法32⑭、⑮・313⑭、⑮）。ただし、その特定株式等譲渡所得金額に係る譲渡所得等を申告してその譲渡所得等について上場株式等に係る分離課税の適用を受けることもできます。

申告をした場合には、その者の課されるその年度分の所得割額から、その特定株式等譲渡所得金額に係る株式等譲渡所得割額（特別徴収税額）が控除されます（地法32⑭、⑮、37の4、313⑭、⑮、314の9、地法附則35の2①、⑥）。

この場合、その株式等譲渡所得割額に5分の2を乗じた金額を都道府県民税の所得割額から控除し、その株式等譲渡所得割額に5分の3を乗じた金額を市区町村民税の所得割額から控除します（地法37の4、314の9）。

(8) 株式等譲渡所得割交付金

都道府県は、次の算式で得た額を、都道府県内の市区町村に対して毎年度3月に交付します（地法71の67、地令9の22、9の23）。

$$A \times \frac{3}{5} \times \frac{B}{C} = 株式等譲渡所得割交付金$$

A：納入された株式等譲渡所得割額に100分の99を乗じた額
B：各市区町村に係る個人都道府県民税の額
C：その都道府県の個人都道府県民税の額の合計額

5 地方消費税

1 概要

　地方消費税は、国税である消費税と同様、消費一般に対して広く公平に負担を求める税です。

　地方消費税には、課税資産の譲渡等に係る消費税額から仕入れ等に係る消費税額を控除した後の消費税額を課税標準として課される譲渡割と、課税貨物に係る消費税額を課税標準として課される貨物割があります。地方消費税は、都道府県が都道府県税として課すものとされており、賦課徴収に関する規定が地方税法に独自に定められていますが、その徴収については、納税者の便宜を図る等の観点から、当分の間、国に委託することとされています。そのため、国税である消費税の例により、消費税とあわせて行うこととされています。

2 課税要件等

(1) 納税義務者

① **譲渡割**

　消費税法第2条第1項第9号に規定する課税資産の譲渡等を行った個人事業者及び法人です。なお、課税資産の譲渡等に係る消費税の納税義務者の範囲と一致します。

② **貨物割**

　消費税法第2条第1項第11号に規定する課税貨物を保税地域から

引き取る者です。

なお、課税貨物に係る消費税の納税義務者の範囲と一致します。

(2) 課税団体

① 譲渡割

課税資産の譲渡等を行う事業者が、個人である場合には原則としてその住所地所在の都道府県、法人である場合には原則としてその本店又は主たる事務所の所在地の都道府県です。

② 貨物割

その課税貨物が引き取られる保税地域所在の都道府県です。

(3) 課税標準

① 譲渡割

課税資産の譲渡等に係る消費税額から仕入れ等に係る消費税額を控除した後の消費税額です。

② 貨物割

課税貨物に係る消費税額です。

(4) 税率

① 平成26年3月31日まで……100分の25（消費税率換算1%）
② 平成26年4月1日から……63分の17（消費税率換算1.7%）
③ 平成31年10月1日から……78分の22（消費税率換算2.2%）[*]

なお、消費税と合わせた税率は、次のとおりです。

① 平成26年3月31日まで……5%（うち消費税4%）
② 平成26年4月1日から……8%（うち消費税6.3%）
③ 平成31年10月1日から……10%[*]（うち消費税7.8%）[*]

（*）軽減税率適用時を除きます。

(5) 賦課徴収

① 譲渡割

譲渡割は、当分の間、国（税務署）が消費税の賦課徴収の例により、消費税の賦課徴収とあわせて行います。

② 貨物割

貨物割は、国（税関）が消費税の賦課徴収の例により、消費税の賦課徴収とあわせて行います。

(6) 申告納付の手続

① 譲渡割

譲渡割の申告及び納付は、当分の間、消費税の申告及び納付の例により、消費税の申告及び納付とあわせて、申告については税務署長に、納付については国に行います。

② 貨物割

貨物割の申告及び納付は、消費税の申告及び納付の例により、消費税の申告及び納付とあわせて、申告については税関長に、納付については国に行います。

(7) 還付の方法

① 譲渡割

譲渡割に係る還付金又は過誤納金の還付は、当分の間、国が消費税の還付の例により、消費税に係る還付金又は過誤納金（還付加算金を含みます。）の還付とあわせて行います。

② 貨物割

国は、輸入品に対する内国消費税の徴収等に関する法律の規定により消費税の全部又は一部に相当する金額を還付する場合においては、消費税の還付の例により、消費税に係る還付金の還付とあわせて、その還付すべき消費税に係る還付金に相当する額に63分の17を乗じた

額を貨物割に係る還付金として還付します。

(8) 都道府県間の清算

都道府県は、地方消費税の清算について、次のとおり旧税率相当分に係るものと税率引上げ相当分に係るものとを区分して行います。

① 旧税率相当分に係るもの

国から払い込まれた譲渡割及び貨物割の納付額の合算額の17分の10[*]に相当する金額から国に支払った徴収取扱費の額に相当する額を減額した額について、消費に関連した基準によって都道府県間において清算が行われます。

[*] 平成32年4月1日から平成33年3月31日までは21分の10、平成33年4月1日からは22分の10となります。

② 税率引上げ相当分に係るもの

国から払い込まれた譲渡割及び貨物割の納付額の合算額の17分の7[*]に相当する額について、消費に関連した基準によって都道府県間において清算が行われます。

[*] 平成32年4月1日から平成33年3月31日までは21分の11、平成33年4月1日からは22分の12となります。

(9) 市区町村に対する交付

都道府県は、次のとおり旧税率相当分に係るものと税率引上げ相当分に係るものとを区分して市区町村に対し交付します。

① 旧税率相当分に係るもの

都道府県は、上記(8)の①による額の2分の1に相当する額を、その都道府県内の市区町村に対し、その額の2分の1の額を、官報で公示された最近の国勢調査の結果による各市区町村の人口に、他の2分の1の額を基幹統計である事業所統計の最近公表された結果による各市区町村の従業員数に、それぞれ按分して交付します。

② 税率引上げ相当分に係るもの

　都道府県は、上記(8)の②による額の2分の1に相当する額を、その都道府県内の市区町村に対し、各市区町村の上記①の人口に按分して交付します。

(10) 地方消費税の使途

　都道府県は引上げ相当分の地方消費税収に係る清算後の額からその都道府県内の市区町村に交付した額を控除した額に相当する額を、市区町村は都道府県から受けた上記(9)の②の額を、それぞれ消費税法第1条第2項に規定する経費その他社会保障施策に要する経費に充てます。

6 国民健康保険税

1 概要

　国民健康保険税は、国民健康保険を行う市町村又は特別区（以下「市区町村」といいます。）が、その国民健康保険に要する費用（高齢者の医療の確保に関する法律の規定による前期高齢者納付金等及び後期高齢者支援金等並びに介護保険法の規定による介護納付金の納付に関する費用を含みます。）に充てるため、国民健康保険の被保険者である世帯主に対して課する目的税です。

　国民健康保険税は、国民健康保険に要する費用に充てるために課されるにもかかわらず、地方税として位置づけられています。これは、社会保険料の徴収の手段として税の形式を採っているにすぎず、その実質は、医療保険である国民健康保険の財源を賄うための社会保険料です。

　したがって、その課税の方法も他の地方税と異なる方法によって行われ、国民健康保険に要する費用の一部をそれぞれの被保険者等に対し一定の方式によりあん分して課税するという方法によっています。

2 課税要件等

(1) 納税義務者

　納税義務者は、次の者とされています（地法703の4①、㉘）
　① 国民健康保険の被保険者である世帯主
　② 国民健康保険の被保険者である資格がない世帯主の属する世帯内に

国民健康保険の被保険者がある場合において、国民健康保険の被保険者であるとみなされる者（以下「みなす世帯主」といいます。）

(2) 課税団体

国民健康保険法第3条第1項の規定によって国民健康保険を行う市区町村とされています（地法703の4①）。

(3) 納税義務者に対する課税額

納税義務者に対しては、次に掲げる額の合算額によって国民健康保険税が課されます（地法703の4②、地法附則38の3）。

① **基礎課税額**

国民健康保険に要する費用に充てるため、国民健康保険の被保険者である世帯主及びその世帯に属する国民健康保険の被保険者につき算定した課税額（課税限度額は54万円）

② **後期高齢者支援金等課税額**

高齢者の医療の確保に関する法律の規定による後期高齢者支援金等（平成29年度までは病床転換支援金等を加算したものとなります。）の納付に要する費用に充てるため、国民健康保険の被保険者である世帯主及びその世帯に属する国民健康保険の被保険者につき算定した課税額（課税限度額は19万円）

③ **介護納付金課税額**

介護保険法の規定による介護納付金の納付に要する費用に充てるため、介護納付金課税被保険者である世帯主及びその世帯に属する介護納付金課税被保険者につき算定した課税額（課税限度額は16万円）

(4) 基礎課税額の算定

① **標準基礎課税総額**

標準基礎課税総額は、次に掲げる額の合算額とされています（地法703の4③）。

(イ)その年度の初日における被保険者に係る療養の給付並びに入院時食事療養費、入院時生活療養費、保険外併用療養費、療養費、訪問看護療養費、特別療養費、移送費、高額療養費及び高額介護合算療養費の支給に要する費用の総額の見込額からその療養の給付についての一部負担金の総額の見込額を控除した額の65％に相当する額

(ロ)その年度分の前期高齢者納付金等の納付に要する費用の額からその費用に係る国の負担金の見込額を控除した額

② **基礎課税総額の算定**

　標準基礎課税総額は、次表の左欄のいずれかの課税方式による中欄に掲げる額の合計額によるものとされており、中欄に掲げる額の標準基礎課税総額に対する標準割合は、それぞれ右欄に掲げる所得割総額、資産割総額、被保険者均等割総額及び世帯別平等割総額の区分に応じ、それぞれ同欄に掲げるところによるとされています（地法703の4④）。

　したがって、市区町村は、左欄のいずれかの課税方式による標準割合を基準として、その市区町村の基礎課税総額を算定することになります。

課税方式	課税方式の内容	標準基礎課税総額に対する標準割合	
第一方式	所得割総額 資産割総額 被保険者均等割総額 世帯別平等割総額	所得割総額 資産割総額 被保険者均等割総額 世帯別平等割総額	100分の40 100分の10 100分の35 100分の15
第二方式	所得割総額 被保険者均等割総額 世帯別平等割総額	所得割総額 被保険者均等割総額 世帯別平等割総額	100分の50 100分の35 100分の15
第三方式	所得割総額 被保険者均等割総額	所得割総額 被保険者均等割総額	100分の50 100分の50

③ 納税義務者に対する基礎課税額の算定

基礎課税額は、次表の左欄に掲げる課税方式のうちその市区町村が選択した課税方式に応じ、被保険者である世帯主及びその世帯に属する被保険者につき算定し右欄の合計額とされています（地法703の4⑤）。

基礎課税額の課税方式		基礎課税額の内訳
第一方式	所得割額、資産割額、被保険者均等割額及び世帯別平等割額の合算額による課税	①所得割額 ②資産割額 ③被保険者均等割額 ④世帯別平等割額
第二方式	所得割額、被保険者均等割額及び世帯別平等割額の合算額による課税	①所得割額 ②被保険者均等割額 ③世帯別平等割額
第三方式	所得割額及び被保険者均等割額の合算額による課税	①所得割額 ②被保険者均等割額

④ 基礎課税額の限度額

基礎課税額は、54万円を超えることができないとされています（地法703の4⑪、地令56の88の2①）。

(5) 後期高齢者支援金等課税額の算定

① 標準後期高齢者支援金等課税総額

標準後期高齢者支援金等課税総額は、次の額とされています（地法703の4⑫、地法附則38の3）。

標準後期高齢者支援金等課税総額＝A－B

> A：その年度分の後期高齢者支援金等の納付に要する費用
> B：その費用に係る国の負担金の見込額

② **後期高齢者支援金等課税総額の算定**

後期高齢者支援金等課税総額は、次表の左欄のいずれかの課税方式による中欄に掲げる額の合計額によるものとされており、中欄に掲げる額の標準後期高齢者支援金等課税総額に対する標準割合は、それぞれ右欄に掲げる所得割総額、資産割総額、被保険者均等割総額及び世帯別平等割総額の区分に応じ、それぞれ同欄に掲げるところによるとされています（地法703の4⑬）。

したがって、市区町村は、左欄のいずれかの課税方式による標準割合を基準として、その市区町村の後期高齢者支援金等課税総額を算定することになります。

課税方式	課税方式の内容	標準後期高齢者支援金等課税総額に対する標準割合	
第一方式	所得割総額 資産割総額 被保険者均等割総額 世帯別平等割総額	所得割総額 資産割総額 被保険者均等割総額 世帯別平等割総額	100分の40 100分の10 100分の35 100分の15
第二方式	所得割総額 被保険者均等割総額 世帯別平等割総額	所得割総額 被保険者均等割総額 世帯別平等割総額	100分の50 100分の35 100分の15
第三方式	所得割総額 被保険者均等割総額	所得割総額 被保険者均等割総額	100分の50 100分の50

③ **納税義務者に対する後期高齢者支援金等課税額の算定**

後期高齢者支援金等課税額は、次表の左欄に掲げる課税方式のうちその市区町村が選択した課税方式に応じ、被保険者である世帯主及びその世帯に属する被保険者につき算定し右欄の合計額とされています（地法703の4⑭）。

後期高齢者支援金等課税額の課税方式		後期高齢者支援金等課税額の内訳
第一方式	所得割額、資産割額、被保険者均等割額及び世帯別平等割額の合算額による課税	①所得割額 ②資産割額 ③被保険者均等割額 ④世帯別平等割額
第二方式	所得割額、被保険者均等割額及び世帯別平等割額の合算額による課税	①所得割額 ②被保険者均等割額 ③世帯別平等割額
第三方式	所得割額及び被保険者均等割額の合算額による課税	①所得割額 ②被保険者均等割額

④ **後期高齢者支援金等課税額の限度額**

後期高齢者支援金等課税額は、19万円を超えることができないとされています（地法703の4⑲、地令56の88の2②）。

(6) 介護納付金課税額の算定

① 標準介護納付金課税総額

標準介護納付金課税総額は、次の額とされています（地法703の4⑳）。

標準介護納付金課税総額＝A－B

> A：その年度分の介護納付金の納付に要する費用
> B：その費用に係る国の負担金の見込額

② 介護納付金課税総額の算定

介護納付金課税総額は、次表の左欄のいずれかの課税方式による中欄に掲げる額の合計額によるものとされており、中欄に掲げる額の標準介護納付金課税総額に対する標準割合は、それぞれ右欄に掲げる所得割総額、資産割総額、被保険者均等割総額及び世帯別平等割総額の区分に応じ、それぞれ同欄に掲げるところによるとされています（地法703の4㉑）。

したがって、市区町村は、左欄のいずれかの課税方式による標準割合を基準として、その市区町村の介護納付金課税総額を算定することになります。

課税方式	課税方式の内容	標準介護納付金課税総額に対する標準割合	
第一方式	所得割総額 資産割総額 被保険者均等割総額 世帯別平等割総額	所得割総額 資産割総額 被保険者均等割総額 世帯別平等割総額	100分の40 100分の10 100分の35 100分の15
第二方式	所得割総額 被保険者均等割総額 世帯別平等割総額	所得割総額 被保険者均等割総額 世帯別平等割総額	100分の50 100分の35 100分の15
第三方式	所得割総額 被保険者均等割総額	所得割総額 被保険者均等割総額	100分の50 100分の50

③ **納税義務者に対する介護納付金課税額の算定**

介護納付金課税額は、次表の左欄に掲げる課税方式のうちその市区町村が選択した課税方式に応じ、介護納付金課税被保険者（国民健康保険の被保険者のうち介護保険法第9条第2号に規定する被保険者であるものをいいます。）である世帯主及びその世帯に属する介護納付金課税被保険者につき算定し右欄の合計額とされています（地法703の4㉒）。

	介護納付金課税額の課税方式	介護納付金課税額の内訳
第一方式	所得割額、資産割額、被保険者均等割額及び世帯別平等割額の合算額による課税	①所得割額 ②資産割額 ③被保険者均等割額 ④世帯別平等割額
第二方式	所得割額、被保険者均等割額及び世帯別平等割額の合算額による課税	①所得割額 ②被保険者均等割額 ③世帯別平等割額
第三方式	所得割額及び被保険者均等割額の合算額による課税	①所得割額 ②被保険者均等割額

④ 介護納付金課税額の限度額

　　介護納付金課税額は、16万円を超えることができないとされています（地法703の4㉗、地令56の88の2③）。

(7) 低所得者に対する減額

　市区町村は、低所得者の負担の軽減を図るため、国民健康保険税の納税義務者である世帯主並びにその世帯に属する国民健康保険の被保険者及び特定同一世帯所属者の所得の合算額が一定額以下の場合においては、その市区町村の条例の定めにより、その納税義務者に課する被保険者均等割額又は世帯別平等割額を減額するものとされています（地法703の5、地令56の89）。

(8) 賦課期日及び月割課税

　国民健康保険の賦課期日は、4月1日とされています（地法705②）。

　したがって、この税は、その賦課期日において課税要件を充足している者に対しては、年税額によって課税されます。

　ただし、この税は、国民健康保険事業に要する費用に充てられるものであること及び年税として課税する場合のこの税から生じる税負担の不合理性（例えば、国民皆保険制度の下における他の社会保険の掛金等の二重負担等）を避ける等の理由から、地方税法に明文の規定はありませんが、市区町村の条例の定めにより、一定の区分に応じた月割の方法によって課税されることになっています。これを月割課税制度といいます。

(9) 徴収の方法

　国民健康保険税の徴収方法は、次のとおりです。

① 通常の場合（②以外の場合）

　　通常の場合は、次の②の場合を除き、普通徴収の方法によります（地法706①）。

　　その納期は、条例で定めることになりますが、固定資産税等の納期

を考慮して、通常は4月、7月、10月、1月とされています。

② **老齢等年金納付の支払を受けている年齢65歳以上である場合**

(イ) 納税義務者がその年度の初日（4月1日）において老齢等年金給付の支払を受けている年齢65歳以上74歳以下の国民健康保険の被保険者である世帯主（以下「特別徴収対象被保険者」といいます。）である場合には、一定の場合を除き、その世帯主に対して課される国民健康保険税は特別徴収の方法によって徴収されます（地法706②）。ただし、特別徴収対象被保険者が少ないことその他特別の事情があることにより特別徴収を行うことが適当でないと認められる市区町村においては、普通徴収の方法により徴収することになります（地法706②ただし書）。

特別徴収による場合、市区町村長は、その特別徴収対象被保険者に係る老齢等年金給付の支払をする年金保険者を特別徴収義務者としてその国民健康保険税を徴収させます（地法718の2①）。

(ロ) 年金保険者は、その市区町村から通知された支払回数割保険税額を、その年の10月1日から翌年の3月31日までの間において特別徴収対象年金給付の支払の際徴収し、その徴収した日の属する月の翌月10日までに、その市区町村に納入しなければなりません（地法718の4）。

第3章 仕事と税金

1 個人の事業税

1 概要

　個人事業税は、個人の行う第1種事業、第2種事業及び第3種事業に対し、事業の所得を課税標準として、事務所又は事業所所在の都道府県において、これらの事業を行う個人に課される都道府県税です。

　この個人事業税は、個人が行う事業そのものに課される税であり、個人がその事業活動を行うにあたっては都道府県の各種の行政サービスの提供を受けていることから、これに必要な経費を分担すべきであるという応益的な考え方に基づいて課税されます。

2 課税要件等

(1) 課税客体

　個人事業税は、地方税法及び同法施行令において、第1種事業、第2種事業及び第3種事業として法定列挙されている事業について課税されます（地法72の2③）。

① 第1種事業

　　第1種事業は、商工業等のいわゆる営業といわれる種類の事業であって、次の37業種が法定されています（地法72の2⑧、地令10の3）。

1. 物品販売業	2. 保険業	3. 金銭貸付業	4. 物品貸付業
5. 不動産貸付業	6. 製造業	7. 電気供給業	8. 土石採取業
9. 電気通信事業	10. 運送業	11. 運送取扱業	12. 船舶ていけい場業

13. 倉庫業	14. 駐車場業	15. 請負業	16. 印刷業
17. 出版業	18. 写真業	19. 席貸業	20. 旅館業
21. 料理店業	22. 飲食店業	23. 周旋業	24. 代理業
25. 仲立業	26. 問屋業	27. 両替業	28. 公衆浴場業
29. 演劇興行業	30. 遊技場業	31. 遊覧所業	32. 商品取引業
33. 不動産売買業	34. 広告業	35. 興信所業	36. 案内業
37. 冠婚葬祭業			

② 第2種事業

　第2種事業は、いわゆる第1次産業に属するもので、次の3業種が法定されています（地法72の2⑨、地令12）。

　ただし、主として自家労力を用いて行う事業は、課税除外されています（地法72の2⑨、地令11）。

　1. 畜産業（農業に付随して行う畜産業を除きます。）

　2. 水産業（小規模な水産動植物の採捕の事業を除きます。）

　3. 薪炭製造業（農業を除きます。）

　なお、農業は、第2種事業として法定されていませんので、個人の行う農業はすべて非課税扱いとなります。また、農業者が副業として畳表製造、藁工品製造等を行っている場合においては、その副業が主として自家労力によって行われ、かつ、その収入が農業収入の総額の2分の1を超えない程度のものであるときは、その事業は、非課税として取り扱われます（取扱通知（県）3章2の1(11)）。

③ 第3種事業

　第3種事業は、いわゆる自由業に属するもののうち、次の30業種が法定されています（地法72の2⑩、地令14）。

1. 医業	2. 歯科医業	3. 薬剤師業	4. あん摩等の事業
5. 獣医業	6. 装飾師業	7. 弁護士業	8. 司法書士業
9. 行政書士業	10. 公証人業	11. 弁理士業	12. 税理士業

13. 公認会計士業	14. 計理士業	15. 社会保険労務士業	16. コンサルタント業
17. 設計監督者業	18. 不動産鑑定業	19. デザイン業	20. 諸芸師匠業
21. 理容業	22. 美容業	23. クリーニング業	24. 公衆浴場業
25. 歯科衛生士業	26. 歯科技工士業	27. 測量士業	28. 土地家屋調査士業
29. 海事代理士業	30. 印刷製版業		

(2) 納税義務者

納税義務者は、地方税法及び同法施行令において、第1種事業、第2種事業及び第3種事業として法定列挙されている事業を行う個人です（地法72の2③）

したがって、法定列挙されていない事業（例えば、農業）を行う個人に対しては、個人事業税は課税されません。

(3) 課税団体

個人事業税は、個人が行う第1種事業、第2種事業及び第3種事業に対し、これらの事業を行う事務所又は事業所所在の都道府県が課税することとなっている（地法72の2③）ことから、個人事業税の課税団体は、事業を行う個人の事務所又は事業所が所在する都道府県となります。

この場合、その個人が2以上の都道府県に事務所又は事業所を設けて事業を行う場合には、それぞれの関係都道府県がその課税権を有し、その課税権が競合することになりますので、課税標準額を分割基準（従業者の数）によって関係都道府県に分割することによってその課税権の調整を図ることとされています。

(4) 課税標準及び課税標準の算定方法

① 課税標準となる事業の所得

個人事業税の課税標準は、個人の事業の所得で、次の所得とされています（地法72の49の11）。

(イ) 年の中途において事業を廃止しなかった場合

前年中の事業の所得

(ロ)年の中途において事業を廃止した場合

前年中の事業の所得とその年の1月1日から事業の廃止の日までの事業の所得

なお、この事業の所得は、次のとおり、事業に係る総収入金額から必要な経費を控除し、その控除した金額から、損失の繰越控除等の控除額及び事業主控除額を控除したものとされています。

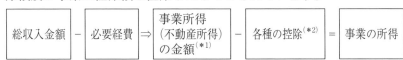

(＊1)所得税の所得の計算の例によらないものとされる次の事項について調整します。
　　① 社会保険診療報酬に係る所得
　　② 外国税額控除
　　③ 青色申告者に係る青色事業専従者給与
　　④ 白色申告者に係る事業専従者控除
(＊2)各種の控除は、次のとおりです。
　　① 損失の繰越控除又は被災事業用資産の損失の繰越控除
　　② 事業用資産の譲渡損失の控除
　　③ 事業用資産の譲渡損失の繰越控除
　　④ 事業主控除

② 課税標準の算定方法

前年中における個人の事業の所得又はその年の1月1日から事業の廃止の日までの個人の事業の所得は、前年中における事業又はその年の1月1日から事業の廃止の日までの事業に係る総収入金額から必要経費を控除したものであり、次により算定します（地法72の49の12①本文）。

(イ)原則

地方税法又は同法施行令で特別の定めをする場合を除くほか、所得税の課税標準である所得について適用される所得税法第26条及び第27条に規定する不動産所得及び事業所得の計算の例により計

算します。

(ロ) 地方税法又は同法施行令による特別の定め

次に掲げるものについては、地方税法又は同法施行令で特別の定めがなされており、これらについては、所得税の所得の計算の例によらず、この特別の定めによることとなります。

イ．社会保険診療報酬に係る所得

ロ．外国税額控除

ハ．青色申告者に係る青色事業専従者給与

ニ．白色申告者に係る事業専従者控除

③ **個人事業税と青色申告特別控除との関係**

個人事業税については、所得税における青色申告特別控除のような特例措置が講じられていませんので、課税標準となる事業の所得は、青色申告特別控除を控除しないで算定することになります（地法72の49の12①本文）。

ただし、個人住民税所得割の課税標準である総所得金額又は山林所得金額は、この青色申告特別控除の額を控除して算定します（地法32②、313②）。

④ **所得税の所得の計算の例によらないもの**

(イ) 医業等を行う個人の社会保険診療報酬に係る所得の課税除外（地法72の49の12①ただし書）

(ロ) 外国所得税額の必要経費算入（地法72の49の13、地令35の3の2）

(ハ) 青色事業専従者給与の取扱い

イ．青色事業専従者の範囲（地法72の49の12②、地令7の5、35の3の8）

ロ．青色事業専従者給与額（地法72の49の12②前段、地法72の49の12②後段、地令35の3の8）

(ニ) 事業専従者控除

　イ．事業専従者の範囲（地法72の49の12③、地令7の5、35の3の8）

　ロ．事業専従者控除額（地法72の49の12③、地法72の49の12）

　ハ．事業専従者控除の適用要件（地法72の49の12④）

⑤ **特別の計算をする事業の所得**

課税標準である事業の所得の算定は、地方税法又は同法施行令で特別の定めをする場合を除くほか所得税の課税標準である不動産所得及び事業所得の計算の例によって行われますが、一定の場合には、法人事業税と同様、独自の計算をして、事業の所得を算定します。

⑥ **損益の合算又は通算**

個人の事業の所得を計算する場合において、不動産所得を生ずべき事業と事業所得を生ずべき事業とを併せて行っているときは、次のとおり、これらの事業に係る損益は合算又は通算されます（地法72の49の12⑤）。

| 不動産所得の計算上生じた所得又は損失 | ± | 事業所得の計算上生じた所得又は損失 | = | 事業の所得又は損失 |

⑦ **損失の控除及び事業主控除**

（イ）青色申告書を提出している年分の損失の繰越控除

　所得税において青色申告書を提出している年分の損失の金額で繰越控除される一定の金額は、一定の要件の下に、その事業の所得の計算上控除されます（地法72の49の12⑥）。

（ロ）白色申告書を提出している年分の被災事業用資産の損失の繰越控除

　所得税において青色申告書以外の申告書を提出している年分の損失の金額のうち被災事業用資産に係るもので繰越控除される一定の金額は、一定の要件の下に、その事業の所得の計算上控除されます

(地法72の49の12⑦、⑧)。

(ハ) 事業用資産の譲渡損失の控除

事業用資産の譲渡損失の金額で控除される一定の金額は、一定の適用要件の下に、その事業の所得の計算上控除されます(地法72の49の12⑨、地令35の3の7)。

(ニ) 青色申告書を提出している年分の事業用資産の譲渡損失の繰越控除

所得税において青色申告書を提出している年分の譲渡損失の金額で繰越控除される一定の金額は、一定の適用要件の下に、その事業の所得の計算上控除されます(地法72の49の12⑩)。

(ホ) 事業主控除

事業を行う個人については、その個人の事業の所得の計算上次の事業主控除額が控除されます(地法72の49の14)。

イ．事業を行った期間が1年のときの事業主控除額

　　年額290万円

ロ．事業を行った期間が1年未満のときの事業主控除額

$$\frac{290万円 \times 事業を行った月数}{12}$$

なお、月割計算の結果、1,000円未満の端数があるときは、その端数金額を切り上げて計算します(取扱通知(県)3章10の13(3))。また、月数は、暦に従って計算し、1月に満たない端数が生じたときは1月とします(地法72の49の14③)。

(ヘ) 各種控除の順序

(イ)から(ホ)までの各種控除は、次のイ、ロ、ハ、ニの順に控除します(地法72の49の12⑪)。

イ．損失の繰越控除又は被災事業用資産の損失の繰越控除

ロ．事業用資産の譲渡損失の控除

ハ．事業用資産の譲渡損失の繰越控除

　　ニ．事業主控除

(5) 税率及び事業税額の計算

① 税率

　個人事業税の税率については、地方税法において次のとおり標準税率が定められています（地法72の49の17①）。都道府県は、この標準税率を基準として、条例で税率を定めます。

　なお、制限税率は、標準税率の1.1倍とされています（地法72の49の17③）。

区分	標準税率
①第1種事業を行う個人	所得の100分の5
②第2種事業を行う個人	所得の100分の4
③第3種事業を行う個人（④に掲げるものを除きます。）を行う個人	所得の100分の5
④第3種事業のうちあん摩、マッサージ又は指圧、はり、きゅう、柔道整復その他の医業に類する事業及び装蹄師業を行う個人	所得の100分の3

② 税額計算

（イ）年の中途において事業を廃止しない個人

　個人事業税額は、それぞれの事業に係る課税標準額（事業の所得）に各都道府県が標準税率を基準として条例で定める税率でその事業に適用されるものを乗じて得た額となります。

（ロ）年の中途において事業を廃止した個人

　年の中途において事業を廃止した個人に係る事業税額は、次のイ及びロによって算定した金額の合計額となります。

　イ．〔(前年中の事業所得及び不動産所得)−(各種の控除額)〕× 適用税率 ＝事業税額

　ロ．(1月1日から事業を廃止した日までの事業所得及び不動産所得−

各種控除額)×適用税率＝事業税額

なお、事業主控除額は月割計算したものとなります。

 (ハ) 2以上の都道府県において事業を行う個人

  2以上の都道府県において事務所又は事業所を設けて事業を行う個人に対して課される個人事業税の課税標準とすべき所得の総額は、主たる事務所又は事業所所在地の都道府県知事により決定されます（地法72の54①）。

(6) 賦課及び徴収

個人事業税は、都道府県が納税義務者から提出された申告書等の課税資料を基として税額を計算し、これを納税通知書により納税者に通知すること（賦課処分）によって課税するいわゆる賦課課税方式により課税されます。賦課の方法及び徴収の方法は、次のとおりです。

 ① **賦課の方法**

  個人事業税は、国税準拠、自主調査及び国の税務官署に対する更正の請求により賦課されます（地法72の50、72の51③）。

 ② **徴収の方法**

  個人事業税は、普通徴収の方法により徴収される（地法72の49の18）ことから、次のとおり、都道府県が個人事業税額を算定して賦課決定し、その税額、納期及び各納期における納付額等を記載した納税通知書を納税者に交付して、これを徴収します。

  この場合、納税者に交付すべき納税通知書は、遅くとも、その納期限前10日までに納税者に交付しなければなりません（地法72の52）。

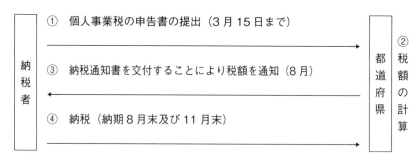

(7) 個人事業税の申告

　個人事業税は、都道府県が税額を計算し、これを納税通知書により納税者に通知することにより課税するいわゆる賦課課税方式により課税されます。

　この賦課にあたっては、都道府県は、賦課事務の便宜等から、次のとおり、個人事業者の所得等の事項について、一定の個人事業者に申告させることとしています（地法72の55、72の55の2）。

① **所得税の確定申告書又は都道府県民税の申告書を提出した個人の申告**
　申告不要です。

② **上記①以外の個人の申告**
　(イ) 事業の所得の金額が事業主控除額を超える個人
　　イ．事業を廃止した個人
　　　(a) 死亡により事業の廃止　　⇒　死亡後4月以内に申告
　　　(b) その他の理由による事業の廃止　⇒　事業廃止後1月以内に申告
　　ロ．その他の個人　⇒　3月15日までに申告
　(ロ) 事業の所得の金額が事業主控除額以下である個人
　　イ．損失の繰越控除を受けようとする個人　⇒　3月15日までに申告
　　ロ．その他の個人　　　　　　　　　　　　⇒　申告不要

2 法人の事業税

1 概要

　法人事業税は、法人の行う事業に対し、事務所又は事業所所在の都道府県において、その事業を行う法人に課される都道府県税です。

　この法人事業税は、法人が行う事業そのものに課される税であり、法人がその事業活動を行うにあたっては都道府県の各種の行政サービスの提供を受けていることから、これに必要な経費を分担すべきであるという応益的な考え方に基づいて課税されます。

　なお、法人事業税は、次の税から構成されており、これらの税の意義は、それぞれ次のとおりです。

税の種類	意　　義
付加価値割	付加価値額を課税標準として課される事業税
資本割	資本金等の額を課税標準として課される事業税
所得割	所得を課税標準として課される事業税
収入割	収入金額を課税標準として課される事業税

2 課税客体

(1) 課税客体

　課税客体は、事務所又は事業所[*1]所在の都道府県において事業を行う法人[*2]の行う事業[*3]です（地法72の2）。

（*1）事務所又は事業所とは、内国法人の事務所若しくは事業所又は外国法人の

恒久的施設をいいます。
(＊2)事業を行う法人とは、内国法人、外国法人及び人格のない社団等をいいます。
(＊3)事業とは、国内事業（林業等の非課税事業を除きます。）をいいます。

3 納税義務者等

納税義務者は、事業を行う法人とされています（地法72の2①）。

納税義務者に対しては、次の事業区分に応じ、それぞれに掲げる法人事業税が課されます（地法72の2①）。

① 電気供給業、ガス供給業、保険業及び貿易保険業 ⇒ 収入割額
② 上記①に掲げる事業以外の事業については、次に掲げる法人の区分に応じて、それぞれに掲げる法人事業税が課されます。
　（イ）資本金の額又は出資金の額が1億円を超える法人（外形課税対象法人）⇒ 付加価値割額、資本割額及び所得割額の合算額
　（ロ）(a)公共法人及び公益法人等、(b)特別法人、(c)人格のない社団等、(d)みなし課税法人、(e)投資法人及び特定目的会社、(f)一般社団法人（非営利型法人に該当するものを除きます。）及び一般財団法人（非営利型法人に該当するものを除きます。）、(g)(a)から(f)までに掲げる法人以外の法人で資本金の額若しくは出資金の額が1億円以下のもの又は資本若しくは出資を有しないもの ⇒ 所得割額

4 課税団体

法人事業税は、法人が行う事業に対し、事業を行う事務所又は事業所所在の都道府県が課税することとなっており（地法72の2①）、次の3つの要件を満たしている都道府県が法人事業税の課税団体となります。

① 法人が事業を行っていること
② その行っている事業が課税事業に該当すること

③　その課税事業が行われる場所、いわゆる事務所又は事業所が所在すること

　この場合、その法人が2以上の都道府県に事務所又は事業所を設けて事業を行う場合には、それぞれの関係都道府県がその課税権を有し、その課税権が競合することになりますので、課税標準額を一定の分割基準によって関係都道府県に分割することにより、その課税権の調整を図ることとされています。

　なお、課税団体は、内国法人、外国法人並びに組合及び有限責任事業組合の別に次のとおりとなります。

(1) 内国法人に係る課税団体

　内国法人に対しては、都道府県において事務所又は事業所を設けて事業を行う場合に、その事務所又は事業所所在の都道府県において法人事業税が課税されます。

　この場合、内国法人に対する法人事業税の課税団体は、事務所又は事業所所在の都道府県とされており、その事務所又は事業所の有無がその課税権を決定することから、法人事業税においては、法人住民税と同様、事務所又は事業所の意義が重要となってきます。

　したがって、内国法人の事務所又は事業所（以下「事務所等」といいます。）とは、それが自己の所有に属するものであるか否かにかかわらず、事業の必要から設けられた人的及び物的設備であって、そこで継続して事業が行われる場所をいうものとされており（取扱通知（県）1章6）、事務所又は事業所の要件別の内容は次のとおりです。つまり、これらの要件を具備したものということになります。

　①　事業の必要から設けられた場所であること
　②　人的及び物的設備を有する場所であること
　③　継続して事業が行われる場所であること

(2) 外国法人に係る課税団体

外国法人については、その事業が行われるいわゆる恒久的施設（permanent establishment（一般にP.Eと呼ばれています。））をもって、その事務所又は事業所とされ、都道府県に恒久的施設を設けて事業を行う場合に、その恒久的施設所在の都道府県において法人事業税が課税されます。

(3) 組合及び有限責任事業組合に係る課税団体

次に掲げる組合については、組合自体は単なる契約関係であり、課税法人ではない（すなわち、法人格を有していない）ことから、法人事業税は、その組合の組合員である法人に対して、その法人の事務所等所在の都道府県において課税されます（取扱通知（県）3章1の6）。

なお、この場合、事務所等の判定は、その法人ごとに行うことになります。

① 民法第667条の規定による組合
② 有限責任事業組合契約に関する法律第2条の規定による有限責任事業組合（LLP）

5 非課税

(1) 概要

法人事業税においては、一定の事業又は所得に対して非課税制度が設けられています。この法人事業税の非課税には、特定の法人の公共性に着目した人的非課税といわれるもの、事業の公益性又は非営利性に着目して非課税とされるもの及び政策的な理由により非課税とされるものがあり、非課税とされる事業又は所得若しくは収入金額は次のとおりです。

① 非課税法人（公共法人）の行う事業（地法72の4①）
　法人税における公共法人の範囲と同じです。
② 非課税事業（地法72の4②、③）（下記(2)参照）
　林業

鉱物の掘採事業

　　農事組合法人の行う農業

③　非課税所得又は非課税収入金額（地法72の5）

　公益法人等及び人格のない社団等の所得又は収入金額で収益事業に係るもの以外のもの

④　課税免除（地法6）

⑤　国際運輸業に係る相互免除（租税条約）

(2) 非課税とされる事業

非課税とされる事業は次の事業とされています（地法72の4②、③）

①　林業

　林業とは、土地を利用して養苗、造林、撫育及び伐採を行う一連の事業をいい、養苗、造林又は撫育を伴わない伐採のみを行う事業は含まれないことから、伐採のために立木を買い取ることを業とする法人のその事業は、ここにいう林業には該当せず、また、しいたけ栽培、うるし採取等のいわゆる林産業とはその範囲を異にします。

②　鉱物の掘採事業

　鉱業法第3条に掲げる鉱物を掘採し、これを販売する事業をいい、その法人がこれらの鉱物を加工又は精錬をする場合には、加工精錬の部分は課税事業となります。

　なお、この非課税は、鉱産税（市町村税）との二重課税を避けるために設けられているものです。

③　農業（特定の農事組合法人の行うものに限ります。）

　農業のうち、農事組合法人で、農地法第2条第3項各号に掲げる要件のすべてを満たしているものが行う農業に限り、非課税となります。

6 事業年度

　法人事業税の課税標準の算定期間である事業年度は、すべて法人税の課税標準の算定期間である事業年度又は連結事業年度と同一であり、その取扱いについては、国の税務官署の取扱いに準ずることになります（地法72の13）。

　なお、その取扱いは、法令又は定款等における事業年度等の定めの有無に応じ、それぞれ次のとおりとなります。

(1) 法令又は定款等に事業年度等の定めがある場合

　法令、定款、寄附行為、規則又は規約により定められた事業年度その他これに準ずる期間をいいます。

(2) 法令又は定款等に事業年度等の定めがない場合

　その法人が税務署長に届出、又は税務署長が指定した期間をもって、その法人の事業年度とします。

　なお、人格のない社団等が税務署長に届出をしなかった場合には、その人格のない社団等の事業年度は、その年の1月1日から12月31日までの期間となります。

7 課税標準

　法人税の課税標準は、次の事業区分に応じ、それぞれ定められています（地法72の12）。

① ②以外の事業
　(イ)資本金の額又は出資金の額が1億円超の法人（外形課税対象法人を除きます。）
　　付加価値割　⇒　各事業年度の付加価値額
　　資本割　⇒　各事業年度の資本金等の額

所得割 ⇒ 各事業年度の所得
　(ロ) (イ)以外の法人
　　所得割 ⇒ 各事業年度の所得
② 電気供給業、ガス供給業、保険業及び貿易保険業
　収入割 ⇒ 各事業年度の収入金額

(1) 付加価値割の課税標準の算定方法

　付加価値割の課税標準となる各事業年度の付加価値割額は、次の算式のとおり、報酬給与額、純支払利子及び純支払賃借料の合計額（これを「収益配分額」といいます。）に各事業年度の単年度損益を加算した合計額となります（地法72の14）。

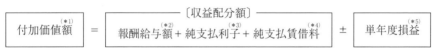

(＊1) 外国の事業に係る付加価値額を除きます。

(＊2) 報酬、給料、賃金、賞与、退職手当等及び確定給付企業年金の掛金等の合計額（雇用安定控除制度有り）。

(＊3) 支払利子から受取利子を差し引いた額（マイナスの場合は「0」）。

(＊4) 土地・家屋に係る支払賃借料から受取賃借料を差し引いた額（マイナスの場合は「0」）。

(＊5) 繰越欠損金額控除前の税法上の所得（マイナスの場合は収益配分額から欠損金額を控除）。

① **報酬給与額**

　各事業年度の報酬給与額は、次の(イ)及び(ロ)の金額の合計額となります（地法72の15、地令20の2の2、20の2の3、20の2の4）。

　なお、これらの金額は、棚卸資産等に係る給与を除き、その事業年度の法人税の所得又は連結所得の計算上損金の額に算入されるものに限ります。

(イ) 法人が各事業年度においてその役員又は使用人に対する報酬、給料、賃金、賞与、退職手当その他これらの性質を有する給与として支出する金額の合計額

(ロ) 法人が各事業年度において確定給付企業年金に係る規約に基づいて加入者のために支出する掛金その他の法人が役員又は使用人のために支出する一定の掛金等の合計額

② **純支払利子**

各事業年度の純支払利子は、次の金額となります（地法72の16、地令20の2の6、20の2の7、20の2の8）。

$$\text{純支払利子}^{(*1)} = \text{各事業年度の支払利子の額の合計額}^{(*2)} - \text{各事業年度の受取利子の額の合計額}^{(*3)}$$

(＊1) 受取利子の合計額が支払利子の合計額を超える場合は、「0」として計上します。

(＊2) 支払利子は、支払う負債の利子（支払う手形の割引料等を含みます。）で、棚卸資産等に係る支払利子を除き、その事業年度の法人税の所得又は連結所得の計算上損金の額に算入されるものに限ります。

(＊3) 受取利子は、支払を受ける利子（支払を受ける手形の割引料等を含みます。）で、その事業年度の法人税の所得又は連結所得の計算上益金の額に算入されるものに限ります。

(イ) 支払利子の範囲

支払利子とは、法人が各事業年度において支払う負債の利子をいいます。これには、手形の割引料、次に掲げるハの金額その他経済的な性質が利子に準ずるものも含まれます（地法72の16②、地令20の2の7）。

この支払利子は、基本的には、法人税において受取配当等の益金不算入を算定する際に用いられる「負債の利子」の範囲と同じですが、次に掲げるヲの利子等及び保険契約に係る利息相当分については、その取扱いを異にしています。具体的には、主として次に掲げるものが該当します（取扱通知（県）3章4の3の1）。

イ．借入金の利息

ロ．社債の利息

ハ．社債の発行その他の事由により金銭債務に係る債務者となった場合に、その金銭債務に係る収入金額がその債務額に満たないときにおけるその満たない部分の金額（法人税法施行令第136条の2第1項の規定により損金の額に算入されるものに限ります。）

ニ．コマーシャル・ペーパーの券面価額から発行価額を控除した金額

ホ．受取手形の手形金額とその受取手形の割引による受領金額との差額を手形売却損として処理している場合のその差額（手形に含まれる金利相当額を会計上別処理する方式を採用している場合には、手形売却損として帳簿上計上していない部分を含みます。）

ヘ．買掛金を手形によって支払った場合、相手方に対してその手形の割引料を負担したときにおけるその負担した割引料

ト．従業員預り金、営業保証金、敷金その他これらに準ずる預り金の利息

チ．金融機関の預金利息

リ．コールマネーの利息

ヌ．信用取引に係る利息

ル．現先取引及び現金担保付債券貸借取引に係る利息相当額

ヲ．利子税並びに地方税法第65条、第72条の45の2及び第327条の規定により徴収される延滞金

ワ．内部取引において、イ～ヲに掲げるものに相当するもの

(ロ) 受取利子の範囲

　受取利子とは、法人が各事業年度において支払を受ける利子をいいます。これには、支払を受ける手形の割引料その他経済的な性質が利子に準ずるものも含まれます（地法72の16③、地令20の2の8）。

　この受取利子は、原則として、支払利子とその範囲を同じくしますが、国債・地方債の利息、合同運用信託等の収益の分配、還付加算金等については、支払う側が外形標準課税の対象外であるため、支払利子に含まれないこととなる点が異なっています。具体的には、主として次に掲げるものが該当します（取扱通知（県）3章4の3の2）。

イ．貸付金の利息

ロ．国債、地方債及び社債（会社以外の法人が特別の法律により発行する債券で利付きのものを含みます。）の利息

ハ．法人税法施行令第119条の14に規定する償還有価証券(＊)の調整差益

　（＊）その有価証券を保有する法人にとってその有価証券の償還期限が確定しており、かつ、償還期限における償還金額が確定しているものをいい、主なものとして、社債、国債、地方債やコマーシャル・ペーパー等があります。

ニ．売掛金を手形によって受け取った場合、相手方がその手形の割引料を負担したときのその負担した割引料

ホ．営業保証金、敷金その他これらに準ずる預け金の利息

ヘ．金融機関等の預貯金利息及び給付補てん備金

ト．コールローンの利息

チ．信用事業を営む協同組合等から受ける事業分量配当のうちその協同組合等が受け入れる預貯金（定期積金を含みます。）の額に応

じて分配されるもの
リ．相互会社から支払を受ける基金利息
ヌ．生命保険契約（共済契約でその保険契約に準ずるものを含みます。）に係る据置配当の額及び未収の契約者配当の額に付されている利息相当額
ル．損害保険契約のうち保険期間の満了後満期返戻金を支払う旨の特約がされているもの（共済契約でその保険契約に準ずるものを含みます。）に係る据置配当の額及び未収の契約者配当の額に付されている利息相当額
ヲ．信用取引に係る利息
ワ．合同運用信託、公社債投資信託及び公募公社債等運用投資信託の収益として分配されるもの
カ．現先取引及び現金担保付債券貸借取引に係る利息相当額
ヨ．還付加算金
タ．内部取引において、イからヨに掲げるものに相当するもの

③ 純支払賃借料

各事業年度の純支払賃借料は、次の金額となります（地法72の17、地令20の2の9、20の2の10）。

| 純支払賃借料[*1] | ＝ | 各事業年度の支払賃借料の合計額[*2] | － | 各事業年度の受取賃借料の合計額[*3] |

（＊1）受取賃借料の合計額が支払賃借料の合計額を超える場合は、「0」として計上します。

（＊2）支払賃借料は、土地又は家屋（これらと一体となって効用を果たす構築物及び附属設備を含みます。）の賃借権、地上権、永小作権等でその存続期間が1月以上であるもの（以下「賃借権等」といいます。）の対価として支払う金額で、棚卸資産等に係る支払賃借料を除き、そ

の事業年度の法人税の所得又は連結所得の計算上損金の額に算入されるものに限ります。

(＊3) 受取賃借料は、賃借権等の対価として支払を受ける金額で、その事業年度の法人税の所得又は連結所得の計算上益金の額に算入されるものに限ります。

④ 単年度損益
(イ) 単年度損益の算定方法

各事業年度の単年度損益は、次により算定した金額とされています（地法72の18）。

イ．連結申告法人以外の法人

各事業年度の益金の額から損金の額を控除した金額によるものとし、地方税法又は地方税法施行令で特別の定めをする場合を除くほか、その各事業年度の法人税の課税標準である所得の計算の例によって算定します。

ロ．連結申告法人

各事業年度終了の日の属する各連結事業年度の個別帰属益金額から個別帰属損金額を控除した金額によるものとし、地方税法又は地方税法施行令で特別の定めをする場合を除くほか、その各連結事業年度の法人税の課税標準である連結所得に係るその連結申告法人の個別所得金額の計算の例によって算定します。

ハ．外国法人

各事業年度の法人税法第141条第1号イに掲げる国内源泉所得（恒久的施設帰属所得）に係る所得の金額又は欠損金額及び同号ロに掲げる国内源泉所得（恒久的施設非帰属所得）に係る所得の金額又は欠損金額の合算額によるものとし、地方税法又は地方税法施行令で特別の定めをする場合を除くほか、その各事業年度の法

人税の課税標準である同号イに掲げる国内源泉所得及び同号ロに掲げる国内源泉所得の計算の例によって算定します。

(ロ)単年度損益の計算に関する特別の定め

　イ．欠損金の取扱い（地法72の18②）

　ロ．所得税額及び復興特別所得税額の取扱い（地令20の2の14）

　ハ．寄附金の損金算入限度額又は連結損金算入限度額の取扱い（地令20の2の15）

　ニ．内国法人の外国の事業に帰属する所得以外の所得に対して課された外国法人税額の取扱い（地令20の2の16）

　ホ．外国の資源開発事業に係る海外投資等損失準備金制度（地令72の18②、地令20の2の17、地規3の15）

⑤ **外国において事業を行う特定内国法人の付加価値額の算定方法**

事業税は、応益原則に基づいて課税するという税の性格から、その課税の対象となる事業（課税客体）は、国内で行われる事業に限られているため、内国法人で外国にその事業が行われる事務所又は事業所（恒久的施設）を有するもの（以下「特定内国法人」といいます。）の付加価値割の課税標準となる付加価値額は、法人の区分に応じ、それぞれにより算定した一定の金額とされています（地法72の19、地令20の2の19）。

⑥ **雇用安定控除の特例**

収益配分額のうち報酬給与額の占める割合の高い法人の付加価値割の課税標準の算定については、雇用等への影響に配慮して、特例措置が講じられており、その事業年度の付加価値額（国外付加価値額があるときは、これを控除した後の金額とします。）から雇用安定控除額が控除されます（地法72の20①）。この場合、雇用安定控除額とは、報酬給与額から収益配分額に100分の70の割合を乗じた金額を控除した

金額とされています（地法72の20②）。

⑦ **雇用者給与等支給額が増加した場合の特例**

外形課税対象法人の付加価値割の課税標準の算定については、平成27年4月1日から平成30年3月31日までの間に開始する各事業年度分に限り、その法人が国内雇用者に対して給与等を支給する場合において、その法人の雇用者給与等支給増加額の基準雇用者給与等支給額に対する割合が一定の増加促進割合以上であり、かつ、一定の要件を満たす場合には、一定の金額を各事業年度の付加価値額から控除します（地法附則9⑬）。

(2) 資本割の課税標準の算定方法

① **資本金等の額**

資本割の課税標準となる各事業年度の資本金等の額は、各事業年度終了の日における法人税法第2条第16号に規定する資本金等の額又は同条第17号の2に規定する連結個別資本金等の額となります（地法72の11）。

ただし、清算中の法人については、連結子法人が事業年度の中途において解散した場合を除き、その資本金等の額はないものとみなされます（地法72の11①ただし書）。

② **無償減資等又は無償増資等を行った場合の資本金等の額**

法人事業税の外形標準課税における資本割の課税標準である資本金等の額の算定にあたって、無償減資等又は無償増資等が行われた場合においては、法人事業税が事業活動の規模に応じて課税するという外形標準課税の趣旨を考慮して、その無償減資等の額を法人税法上の資本金等の額から減算し、また、その無償増資等の額を法人税法上の資本金等の額に加算することとされています（地法72の21①）。したがって、資本金の額若しくは資本準備金の額を減少してその減少した金額

を損失(欠損)のてん補に充てた場合又は余剰金若しくは利益準備金の額を資本金の額とした場合における資本金等の額は、一定の算式により算定したものとされています。

③ 資本金等の額が資本金の額及び資本準備金の額の合算額又は出資金の額を満たさない場合の課税標準の特則

上記①又は②による資本金等の額が、各事業年度終了の日における資本金の額及び資本準備金の額の合算額又は出資金の額を満たさない場合には、資本割の課税標準である各事業年度の資本金等の額は、各事業年度終了の日における資本金の額及び資本準備金の額の合算額又は出資金の額となります(地法72の21②)。

④ 月割による資本金等の額が課税標準となる場合

事業年度が1年に満たない場合などには、資本金等の額の月割計算により算定した資本金等の額が資本割の課税標準となります(地法72の21③)。

⑤ 特定持株会社に係る特例

特定持株会社の資本割の課税標準の算定については、その内国法人(外国法人が適用除外とされています。)の資本金等の額から、一定の算式により計算した金額が控除されます(地法72の21⑥、地令20の2の21、20の2の22)。

⑥ 資本金等の額が1,000億円を超える法人に係る特例

資本金等の額が1,000億円を超える法人の資本割の課税標準については、圧縮措置が講じられており、次に掲げる金額の区分によって資本金等の額(資本金等の額が1兆円を超える場合には、1兆円とします。)を区分し、その区分に応じて、それぞれに掲げる率を乗じて計算した金額の合計額が課税標準額となります(地法72の21⑦)。

1,000億円以下の金額　　　　　⇒　100分の100

1,000億円を超え5,000億円以下の金額　⇒　100分の50

5,000億円を超え10,000億円以下の金額　⇒　100分の25

⑦ **外国において事業を行う特定内国法人の資本金等の額の計算方法**

事業税は応益原則に基づいて課するという税の性格から、その課税の対象となる事業（課税客体）は、国内において行われる事業に限られているため、内国法人で外国にその事業が行われる事務所等（恒久的施設）を有するものの資本割の課税標準となる資本金等の額は、一定の方式により算定した金額となります（地法72の22①、地令20の2の23①）。

⑧ **外国法人の資本金等の額の計算方法**

外国法人の資本割の課税標準は、次により算定した金額となります（地法72の22②、地令20の2の24）。

〔算式〕

$$資本金等の額 - 資本金等の額 \times \frac{外国の事務所等の従業者の数}{従業者の総数}$$

(3) 所得割の課税標準の算定方法

① **概要**

所得割の課税標準の算定方法の概要は、次のとおりです。

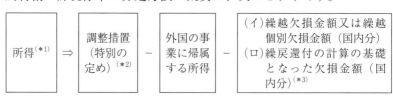

（＊1）計算の例によって算定

　① 連結申告法人以外の法人　→　法人税の課税標準である所得の計算の例によって算定

　② 連結申告法人　→　法人税の課税標準である連結所得に係るその

連結申告法人の個別所得金額の計算の例によって算定
(＊2)調整措置（特別の定め）は、次のとおりです。

① 繰越欠損金の損金算入の調整（地令20の3）

② 繰戻還付の計算の基礎となった欠損金の損金算入の調整（地令21）

③ 医療法人等の社会保険診療報酬に係る所得の課税除外（地法72の23②）

④ 所得税額及び復興特別所得税額の損金不算入（地令21の2）

⑤ 寄附金の損金算入限度額の調整（地令21の3）

⑥ 内国法人の外国法人税額の損金等の算入（地令21の4）

⑦ 残余財産確定事業年度の法人事業税額の損金不算入（地法72の23②）

⑧ 外国の資源開発事業に係る海外投資等損失準備金制度の不適用（地法72の23②、地令21の5）

(＊3)上記(＊2)の①及び②

② **所得の算定の原則**

所得割の課税標準となる各事業年度の所得及び清算所得は、次に掲げる所得の区分に応じ、それぞれ算定します（地法72の23）。

(イ)連結申告法人以外の法人の所得　⇒　各事業年度の益金の額から損金の額を控除した金額

〔算定方法〕

地方税法又は地方税法施行令で特別の定めをする場合を除くほか、その各事業年度の法人税の課税標準である所得の計算の例によって算定します。

(ロ)連結申告法人の所得　⇒　各事業年度終了の日の属する各連結事業年度の個別帰属益金額から個別帰属損金額を控除した金額

〔算定方法〕

地方税法又は地方税法施行令で特別の定めをする場合を除くほか、その各連結事業年度の法人税の課税標準である連結所得に係るその連結申告法人の個別所得金額の計算の例によって算定します。

(ハ) 外国法人 ⇒ 各事業年度の法人税法第141条第1号イに掲げる国内源泉所得（恒久的施設帰属所得）に係る所得の金額及び同号ロに掲げる国内源泉所得（恒久的施設帰属所得）に係る所得の合算額

〔算定方法〕

地方税法又は地方税法施行令で特別の定めをする場合を除くほか、その各事業年度の法人税の課税標準である法人税法第141条第1号イに掲げる国内源泉所得に係る所得及び同号ロに掲げる国内源泉所得に係る所得の計算の例によって算定します。

③ **法人事業税における特別の定め**

地方税法又は地方税法施行令では、所得割の課税標準である所得の計算について、次のような特別の定めがなされています。

(イ) 連結申告法人（各連結事業年度の連結所得に対する法人税を課される連結事業年度の連結法人をいいます。）以外の法人の前9年以内に生じた欠損金額の取扱い（地法72の23①、地令20の3①）

(ロ) 連結申告法人の前9年以内に生じた欠損金額及び個別欠損金額の取扱い（地法72の23①④、地令20の3②③）

(ハ) 企業組織再編成が行われた場合における繰越欠損金額及び繰越個別欠損金額の取扱い（地法72の23①④、地令20の3、21②）

(ニ) 欠損金の繰戻還付制度がないことに伴う繰越欠損金の損金算入の特例（地令21）

(ホ) 医療法人等の社会保険診療報酬に係る所得の課税除外（地法72

の23②③)

(ヘ) その他の特別の定め

特別の定めとして、上記のほか、次のことが定められています。

　　イ．所得税額の損金不算入（地令21の2）

　　ロ．寄附金の損金算入限度額の調整（地令21の3）

　　ハ．内国法人の外国法人税額の損金等の算入（地令21の4）

　　ニ．清算中の法人の残余財産の確定した日の属する事業年度の法人事業税額の損金不算入（地法72の23②）

　　ホ．外国の資源開発事業に係る海外投資等損失準備金制度の不適用（地法72の23②、地令21の5、地規4）

④ **外国において事業を行う特定内国法人の所得の算定方法**

事業税は応益原則に基づいて課するというこの税の性格から、その課税の対象となる事業（課税客体）は、国内で行われる事業に限られていますが、内国法人で外国にその事業が行われる事務所又は事業所（恒久的施設）を有するものの所得割の課税標準となる所得は、法人の区分に応じ、それぞれ算定した金額となります（地法72の24、地令21の8）。

(4) 収入割の課税標準の算定方法

① **電気供給業及びガス供給業**

収入割の課税標準である各事業年度の収入金額のうち電気供給業及びガス供給業に係るものは、各事業年度におけるその事業に係る収入すべき金額の総額から、控除される収入金額を控除した金額とされています（地法72の24の2①、地令22）。

② **保険業**

(イ) 生命保険会社又は外国生命保険会社等

収入割の課税標準である各事業年度の収入金額のうち保険業を行

う保険業法第2条第3項に規定する生命保険会社又は同条第8項に規定する外国生命保険会社等に係るものは、その生命保険会社又は外国生命保険会社等が契約した次に掲げる保険の区分に応じ、それぞれに掲げる収入金額の算定方法により算定した金額とされています（地法72の24の2②）。

	保険の区分	収入金額の算定方法
①	個人保険	各事業年度の収入保険料×100分の24
②	貯蓄保険	各事業年度の収入保険料×100分の 7
③	団体保険	各事業年度の収入保険料×100分の16
④	団体年金保険	各事業年度の収入保険料×100分の 5

(ロ) 損害保険会社又は外国損害保険会社等

　収入割の課税標準である各事業年度の収入金額のうち保険業を行う保険業法第2条第4項に規定する損害保険会社又は同条第9項に規定する外国損害保険会社等に係るものは、その損害保険会社又は外国損害保険会社等が契約した次に掲げる保険の区分に応じ、それぞれに掲げる収入金額の算定方法により算定した金額とされています（地法72の24の2③）。

	保険の区分	収入金額の算定方法
①	船舶保険	各事業年度の正味収入保険料×100分の25
②	運送保険及び積荷保険	各事業年度の正味収入保険料×100分の45
③	自動車損害賠償責任保険	各事業年度の正味収入保険料×100分の10
④	地震保険	各事業年度の正味収入保険料×100分の20
⑤	①から④までに掲げる保険以外のもの	各事業年度の正味収入保険料×100分の40

(ハ) 少額短期保険業者

　保険業法第2条第18項に規定する少額短期保険業者に係る各事業年度の収入金額は、各事業年度の正味収入保険料に、生命保険等

に係るものは100分の16を、損害保険に係るものは100分の26を、それぞれ乗じて得た金額とされています（地法72の24の2④）。

③ **外国において事業を行う特定内国法人の収入金額の算定方法**

内国法人で外国にその事業が行われる恒久的施設を有するものの収入割の課税標準となる収入金額は、法人の区分に応じて、それぞれ算定した金額となります（地法72の24の3、地令23）。

(5) **課税事業と非課税事業とを併せて行う法人の課税標準額の算定方法**

① 鉱物の掘採事業と鉱物の精錬事業とを一貫して行う法人の付加価値額及び所得（地法72の24の5）

② 石灰石の掘採事業と加工（製造）事業とを一貫して行う法人の付加価値額及び所得（取扱通知（県）3章4の8の3）

③ 課税事業と非課税事業とを併せて行う法人の付加価値額及び所得（取扱通知（県）3章4の8の4）

(6) **法人事業税の課税標準の特例**

法人事業税を外形標準課税によって課される法人（地法72の2①一イに掲げる法人をいい、電気供給業、ガス供給業及び保険業を除きます。）に対する法人事業税の課税標準については、条例の定めるところにより、事業の情況に応じ、一定の特例課税標準を用いることができます（地法72の24の4）。

8 法人事業税の標準税率

(1) **電気供給業、ガス供給業及び保険業以外の事業**

① **外形課税対象法人**

(イ)平成20年10月1日から平成27年3月31日までの間に開始する事業年度

第3章 仕事と税金

税割の区分	税率適用事業年度	平成20年10月1日から平成26年9月30日までの間に開始する事業年度	平成26年10月1日から平成27年3月31日までの間に開始する事業年度
付加価値割		0.48%	0.48%
資本割		0.2%	0.2%
所得割	軽減税率適用法人 年400万円以下の所得	1.5%	2.2%
	軽減税率適用法人 年400万円超年800万円以下の所得	2.2%	3.2%
	軽減税率適用法人 年800万円超の所得	2.9%	4.3%
	軽減税率不適用法人	2.9%	4.3%

(注)所得割の税率は、地方法人特別税等に関する暫定措置法第2条の規定を適用した後の税率です。

(ロ)平成27年4月1日から平成31年9月30日までの間に開始する事業年度

税割の区分	税率適用事業年度	平成27年4月1日から平成28年3月31日までの間に開始する事業年度	平成28年4月1日から平成31年9月30日までの間に開始する事業年度
付加価値割		0.72%	1.2%
資本割		0.3%	0.5%
所得割	軽減税率適用法人 年400万円以下の所得	1.6%	0.3%
	軽減税率適用法人 年400万円超年800万円以下の所得	2.3%	0.5%
	軽減税率適用法人 年800万円超の所得	3.1%	0.7%
	軽減税率不適用法人	3.1%	0.7%

(注)所得割の税率は、地方法人特別税等に関する暫定措置法第2条の規定を適用した後の税率です。

(ハ) 平成 31 年 10 月 1 日以後に開始する事業年度

税割の区分		税率適用事業年度	平成 31 年 10 月 1 日以後に開始する事業年度
付加価値割			1.2%
資本割			0.5%
所得割	軽減税率適用法人	年 400 万円以下の所得	1.9%
		年 400 万円超年 800 万円以下の所得	2.7%
		年 800 万円超の所得	3.6%
	軽減税率不適用法人		3.6%

(注) 地方法人特別税が平成 31 年 10 月 1 日以後に開始する事業年度から廃止され、法人事業税に復元されることから、同日以後に開始する事業年度からの外形課税対象法人の所得割の標準税率は、地方税法第 72 条の 24 の 7 第 1 項第 1 号及び同条第 3 項第 1 号に法定されている税率（本則税率）によることとなります。

② **特別法人及びその他の法人**

(イ) 平成 20 年 10 月 1 日から平成 31 年 9 月 30 日までの間に開始する事業年度

法人の区分			税率適用事業年度	平成 20 年 10 月 1 日から平成 26 年 9 月 30 日までの間に開始する事業年度	平成 26 年 10 月 1 日から平成 31 年 9 月 30 日までの間に開始する事業年度
特別法人	所得割	軽減税率適用法人	年 400 万円以下の所得	2.7%	3.4%
			年 400 万円超の所得	3.6%	4.6%
		軽減税率不適用法人		3.6%	4.6%

第 3 章　仕事と税金

法人の区分				
その他の法人	所得割	軽減税率適用法人	年400万円以下の所得	2.7%	3.4%
			年400万円超年800万円以下の所得	4.0%	5.1%
			年800万円超の所得	5.3%	6.7%
		軽減税率不適用法人	5.3%	6.7%

(注)所得割の税率は、地方法人特別税等に関する暫定措置法第2条の規定を適用した後の税率です。

(ロ)平成31年10月1日以後に開始する事業年度

法人の区分 \ 税率適用事業年度				平成31年10月1日以後に開始する事業年度
特別法人	所得割	軽減税率適用法人	年400万円以下の所得	5.0%
			年400万円超の所得	6.6%
		軽減税率不適用法人		6.6%
その他の法人	所得割	軽減税率適用法人	年400万円以下の所得	5.0%
			年400万円超年800万円以下の所得	7.3%
			年800万円超の所得	9.6%
		軽減税率不適用法人		9.6%

(注)地方法人特別税が平成31年10月1日以後に開始する事業年度から廃止され、法人事業税に復元されることから、同日以後に開始する事業年度からの特別法人及びその他の法人の所得割の標準税率は、地方税法第72条の24の7第1項第2号及び第3号並びに同条第3項第2号及び第3号に法定されている税率(本則税率)によることとなります。

(2) 電気供給業、ガス供給業及び保険業

① 平成20年10月1日から平成31年9月30日までの間に開始する事業年度

税割の区分	税率適用事業年度	平成20年10月1日から平成26年9月30日までの間に開始する事業年度	平成26年10月1日から平成31年9月30日までの間に開始する事業年度
収入割	収入金額	0.7%	0.9%

(注)収入割の税率は、地方法人特別税等に関する暫定措置法第2条の規定を適用した後の税率です。

② 平成31年10月1日以後に開始する事業年度

税割の区分	税率適用事業年度	平成31年10月1日以後に開始する事業年度
収入割	収入金額	1.3%

(注)地方法人特別税が平成31年10月1日以後に開始する事業年度から廃止され、法人事業税に復元されることから、同日以後に開始する事業年度からの収入割の標準税率は、地方税法第72条の24の7第2項に法定されている税率（本則税率）によることとなります。

(3) 外形標準課税の拡大に伴い負担増となる付加価値額が40億円未満の法人に対する軽減措置（経過措置）

平成28年度の税制改正による外形標準課税拡大に伴い負担増となる法人のうち付加価値額が40億円未満のものに配慮して、経過措置として一定の軽減措置が講じられます（平成28年改正地法附則5②～⑩）。

9 算出税額から控除される事業税額

(1) 特定寄附金に係る事業税額の控除（企業版ふるさと納税）

特定寄附金に係る事業税額の控除に関する控除対象寄附金、控除額及び控除方法は、次のとおりです（地法附則9の2の2）。

① 控除対象寄附金

　青色申告法人又は青色申告法人でない法人で連結申告法人に該当する法人が、地域再生法の一部を改正する法律（平成28年法律第30号）の施行の日から平成32年3月31日までの間に地域再生法第8条第1項に規定する認定地方公共団体（以下「認定地方公共団体」といいます。）に対して支出したその認定地方公共団体が行ったまち・ひと・しごと創生寄附活動事業に関連する寄附金（以下「特定寄附金」といいます。）が控除の対象となります。

② 控除額

　その特定寄附金を支出した日を含む事業年度において支出した特定寄附金の額の合計額の100分の10となります（以下「控除額」といいます。）。

　この場合、その法人の寄附金支出事業年度における控除額がその法人のその寄附金支出事業年度に係る事業税額の100分の15に相当する金額を超えるときは、その控除する金額は、その100分の15に相当する金額となります。

③ 控除方法

　②の控除額は、その寄附金支出事業年度に係る確定申告、仮決算に係る中間申告又は修正申告により申告納付すべき事業税額から控除します。

　なお、この控除は、その申告書又は更正請求書に、この控除の対象となる特定寄附金の額、控除を受ける金額及びその金額の計算に関する明細を記載した書類並びにその書類に記載された寄附金が特定寄附金に該当することを証する書類の添付がある場合に限り、適用されます。

　また、その控除する金額は、仮決算に係る中間申告書又は確定申告

書に添付された書類に記載された特定寄附金の額を基礎として計算した金額が限度となります。

(2) 仮装経理に基づく過大申告の場合の更正に伴う事業税額の控除

仮装経理に基づく過大申告の場合の更正が行われたときの事業税額の控除に関する仮装経理事業税額及びその取扱いは、次のとおりです（地法72の24の10）。なお、この更正（原更正）に伴う反射的更正に係るものについても、同様の取扱いとなります（地法72の24の10⑤）。

① 仮装経理事業税額

仮装経理事業税額とは、各事業年度の開始の日前に開始した事業年度の内国法人の付加価値割額、資本割額、所得割額又は収入割額について減額更正した場合において、その更正により減少する部分の金額のうち事実を仮装して経理したところに基づくものです。

② 法人事業税における取扱い

その仮装経理事業税額は、その各事業年度（その更正の日以後に終了する事業年度に限ります。）の付加価値割額、資本割額、所得割額又は収入割額から、還付又は充当すべき金額を除き、控除します。

なお、外形課税対象法人については、事業税額全体から控除します。

(3) 租税条約の実施に係る更正に伴う事業税額の控除

租税条約の実施に係る更正が行われたときの還付金額及びその取扱いが定められています（地法72の24の11）。

10 申告納付

(1) 概要

法人事業税の徴収は、申告納付の方法によります。事業を行う法人は、その納付する法人事業税の課税標準額及び税額を申告し、その申告した税額を納付します。

なお、法人事業税の申告納付制度は、基本的には法人税の申告納付制度と同様のものとなっています。

(2) 中間申告納付

事業を行う法人は、事業年度が6月を超える場合には、一定の額の法人事業税をその事業年度開始の日以後6月を経過した日から2月以内に、事務所又は事業所所在の都道府県に申告納付しなければなりません（地法72の26）。

(3) 確定申告納付

事業を行う法人（清算中の法人を除きます。）は、各事業年度に係る法人事業税額を、確定した決算に基づき、次表の区分により、事務所又は事業所所在の都道府県に申告納付しなければなりません（地法72の25、72の28、72の48）。

なお、事業を行う法人は、各事業年度について納付する法人事業税額がない場合においても、申告書を提出しなければなりません（地法72の25⑫、72の28③等）。

区分	申告事業税額	納付税額	申告納付期限
申告納付期限の延長を受けていない場合	所得割額（外形課税対象法人にあっては付加価値割額、資本割額及び所得割額）又は収入割額	申告書に記載した税額（中間納付額を控除した額）	事業年度終了の日から2月以内
申告納付期限の延長を受けている場合	同上	同上	事業年度終了の日から3月以内（特別の事情がある場合は都道府県知事の指定する期間内）

(4) 清算中の法人の申告納付

平成22年10月1日以後に解散した法人の清算中における各事業年度の法人事業税の申告納付については、別途定められています（地法72の29①、③）。

11 期限後申告及び修正申告納付

(1) 期限後申告及び修正申告による納付

　法人事業税においては、通常の申告納付を補完するものとして、期限後申告及び修正申告納付の制度が設けられており（地法72の33）、その概要は次のとおりです。

① **期限後申告**

　申告書の提出期限までにその申告書を提出していない場合

　⇒　決定の通知があるまでは申告納付することができます。

② **修正申告**

(イ)(ロ)以外の修正申告

　　イ．申告書又は修正申告書に記載した課税標準額又は事業税額について不足額がある場合（納付する事業税額がない旨の申告書を提出した法人においては、納付する税額がある場合、(ロ)において同じです。）

　　ロ．更正又は決定に係る課税標準額又は事業税額について不足額がある場合

　　⇒　遅滞なく修正申告書を提出し、その修正により増加した事業税額を納付しなければなりません。

(ロ)法人税の更正又は決定に伴う修正申告

　　申告に係る事業税の計算の基礎となった事業年度に係る法人税の課税標準について税務官署の更正又は決定を受けた場合において、事業税について不足額があるとき

　　⇒　税務官署がその更正又は決定の通知をした日から1月以内に、その更正又は決定に係る課税標準を基礎として修正申告書を提出し、その修正により増加した事業税額を納付しなければなりません。

(2) 期限後申告及び修正申告による納付税額に係る延滞金

期限後申告により法人事業税額を納付する場合又は修正申告により増加した法人事業税額を納付する場合には、その税額に、本来の納期限（納期限の延長があったときは、その延長された納期限）の翌日から納付の日までの期間の日数に応じ、一定の延滞金を加算して納付しなければなりません（地法72の45）。

12 分割法人の事業税額の算定方法及び課税標準額の総額の更正等

(1) 分割法人の事業税額の算定方法

地法72の48①参照

(2) 分割法人の課税標準額の総額の更正等

地法47の48の2①、③参照

13 外形課税対象法人に係る納税猶予

都道府県知事は、外形課税対象法人が一定の事由に該当する場合において、確定申告により納付する法人事業税を納付することが困難であると認めるときは、一定の徴収猶予の方法により、その法人事業税について徴収を猶予することができます（地法72の38の2①、地令31）。

なお、この徴収の猶予は、これらの徴収猶予に係る事業年度の中間納付額についても行うことができます（地法72の38の2⑥）。

14 更正及び決定

(1) 法人税の課税標準を基準とする所得割等の更正及び決定

都道府県知事は、国税準拠法人（法人税の課税標準を基準として更正又は決定される法人をいいます。）が法人事業税の申告書等を提出した場合において、その申告等に係る所得割の課税標準である所得が、その法人の法人

税の課税標準を基準として算定した所得割の課税標準である所得と異なるとき等は、その所得割の基準課税標準により、その所得割に係る所得及び所得割額について更正又は決定を行います（地法72の39）。

(2) 都道府県知事の調査による所得割等の更正及び決定

都道府県知事は、一定の法人（電気供給業、ガス供給業及び保険業等の法人をいいます。）が法人事業税の申告書等を提出した場合において、その申告等に係る収入金額、所得又は収入割額若しくは所得割額がその調査をしたところと異なるとき等は、その調査によって、その収入金額又は所得及び収入割額又は所得割額について更正又は決定を行います（地法72の41）。

(3) 都道府県知事の調査による付加価値割等の更正及び決定

都道府県知事は、外形課税対象法人が法人事業税の申告書等を提出した場合において、その申告等に係る付加価値額若しくは資本金等の額又は付加価値割額若しくは資本割額がその調査をしたところと異なるとき等は、その調査によって、付加価値割又は資本金等の額及び付加価値割額又は資本割額について更正又は決定を行います（地法72の41の2）。

なお、都道府県知事は、前記(1)又は(2)による所得及び所得割額の決定とこの付加価値額及び資本金等の額並びに付加価値割額及び資本割額の決定をする場合には、これらの決定を併せてしなければなりません（地法72の41の3）。

(4) 不足税額及びその延滞金の徴収

① 不足税額の徴収

更正又は決定による不足税額は、次により徴収されます（地法72の44①）。

上記(1)、(2)及び(3)の更正により増加した税額又は決定した税額（その税額に係る中間納付額を控除した額）

⇒　その更正又は決定の通知をした日から1月を経過した日を納期限として、不足税額が徴収されます。

② 不足税額に係る延滞金の徴収

（イ）不足税額が徴収される場合には、その法人事業税の本来の納期限の翌日から納付の日までの期間の日数に応じ、年14.6％（①の不足税額の納期限までの期間又はその納期限の翌日から1月を経過する日までの期間については年7.3％）の割合を乗じて計算した延滞金額が加算されて徴収されます（地法72の44②）。

（ロ）更正の通知をした日が、法人事業税の申告書を提出した日の翌日から1年を経過する日以後であるときは、詐欺その他不正の行為により法人事業税を免れた場合を除き、1年を経過する日の翌日から通知をした日までの期間は、延滞金の計算の基礎となる期間から控除されます（地法72の44③）。

15 更正の請求

(1) 申告期限から5年以内にする更正の請求及び後発的な事由による更正の請求

地法20の9の3、地令6の20の2参照

(2) 法人事業税又は法人税について更正等を受けたことに伴う更正の請求

地法72の33の2参照

(3) 分割基準の誤りに伴う更正の請求

地法72の48の2④⑤、地規6の4参照

(4) 税務官署に対する更正又は決定の請求

地法72の40参照

16 法人事業税の市町村に対する交付

都道府県により、法人事業税の額の一部に相当する額について、平成29年度から都道府県内の市町村に対し交付される交付金(以下「法人事業税交付金」といいます。)の交付は、次によります。

(1) 法人事業税交付金の交付

法人事業税交付金は、道府県及び東京都から交付されます(地法72の76・734④、地令35の4の4・35の4の5・57の2の4・57の2の5)。

(2) 交付時期

法人事業税交付金は、毎年度8月、12月、3月に交付されます。この場合、それぞれの交付時期における交付される額の算定期間は、前年度3月から7月、8月から11月、12月から2月とします(地令35の4の5、57の2の5)。

(3) 経過措置

平成31年度から平成34年度において交付する交付金については、経過措置が講じられています(平成28年改正地法附則6②③④、平成28年改正地令附則4③④⑤)。

3 法人住民税

1 概要

　法人住民税とは、法人に対して課する道府県民税、市町村民税及び都民税を総称したものであり、道府県民税と都民税は均等割、法人税割及び利子割によって、市町村民税は均等割及び法人税割によってそれぞれ構成されています。

2 納税義務者等

(1) 納税義務者

① 道府県民税

　　道府県民税の納税義務者は、次に掲げる者であり、これらの納税義務者の区分に応じて道府県民税が課されます（地法24①）。

　(イ)道府県内に事務所又は事業所を有する法人

　　　⇒　均等割額及び法人税割額の合計額

　(ロ)道府県内に事務所又は事業所を有する法人でない社団又は財団で代表者又は管理人の定めのあるもの（収益事業を行うものに限ります。）

　　　⇒　均等割額及び法人税割額の合計額

　(ハ)道府県内に寮等を有する法人及び法人でない社団又は財団で代表者又は管理人の定めのあるもの（収益事業を行うものに限ります。）でその道府県内に事務所又は事業所を有しないもの

⇒　均等割額
(ニ)法人課税信託の引受けを行うことにより法人税を課される個人で道府県内に事務所又は事業所を有するもの
　　　⇒　法人税割額

② **市町村民税**

　市町村民税の納税義務者は、次に掲げる者であり、これらの納税義務者の区分に応じ、それぞれに掲げる市町村民税が課されます（地法294①）。

(イ)市町村内に事務所又は事業所を有する法人
　　　⇒　均等割額及び法人税割額の合計額
(ロ)市町村内に事務所又は事業所を有する法人でない社団又は財団で代表者又は管理人の定めのあるもの（収益事業を行うものに限ります。）
　　　⇒　均等割額及び法人税割額の合計額
(ハ)市町村内に寮等を有する法人及び法人でない社団又は財団で代表者又は管理人の定めのあるもの（収益事業を行うものに限ります。）でその市町村内に事務所又は事業所を有しないもの
　　　⇒　均等割額
(ニ)法人課税信託の引受けを行うことにより法人税を課される個人で市町村内に事務所又は事業所を有するもの
　　　⇒　法人税割額

③ **都民税**

　都民税の納税義務者は、次に掲げる者であり、これらの納税義務者の区分に応じて市町村民税が課されます。

■道府県民税相当分

(イ)都内に事務所又は事業所を有する法人

⇒　道府県民税に相当する均等割額及び法人税割額の合計額
(ロ)都内に事務所又は事業所を有する法人でない社団又は財団で代表者又は管理人の定めのあるもの（収益事業を行うものに限ります。）
　　⇒　道府県民税に相当する均等割額及び法人税割額の合計額
(ハ)都内に寮等を有する法人及び法人でない社団又は財団で代表者又は管理人の定めのあるもの（収益事業を行うものに限ります。）でその都内に事務所又は事業所を有しないもの
　　⇒　道府県民税に相当する均等割額
(ニ)法人課税信託の引受けを行うことにより法人税を課される個人で都内に事務所又は事業所を有するもの
　　⇒　道府県民税に相当する法人税割額

■市町村民税相当分
(ホ)特別区内に事務所又は事業所を有する法人
　　⇒　市町村民税に相当する均等割額及び法人税割額の合計額
(ヘ)特別区内に事務所又は事業所を有する法人でない社団又は財団で代表者又は管理人の定めのあるもの（収益事業を行うものに限ります。）
　　⇒　市町村民税に相当する均等割額及び法人税割額の合計額
(ト)特別区内に寮等を有する法人及び法人でない社団又は財団で代表者又は管理人の定めのあるもの（収益事業を行うものに限ります。）でその特別区内に事務所又は事業所を有しないもの
　　⇒　市町村民税に相当する均等割額
(チ)法人課税信託の引受けを行うことにより法人税を課される個人で特別区内に事務所又は事業所を有するもの
　　⇒　市町村民税に相当する法人税割額

④ 用語の定義

(イ) 事務所又は事業所

　　事務所又は事業所とは、それが自己の所有に属するものであるか否かにかかわらず、事業の必要から設けられた人的及び物的設備であって、そこで継続して事業が行われる場所をいいます（取扱通知（県・市）1章6）。

(ロ) 寮

　　寮とは、寮、宿泊所、クラブ、集会所その他これらに類するもので、法人等が従業員の宿泊、慰安、娯楽等の便宜を図るために常時設けられている施設をいい、それが自己の所有に属するものであるか否かは問いません。

　　ただし、寮、宿泊所、クラブ等と呼ばれるものであっても、例えば、鉄道従業員の乗継のための宿泊施設のようにその実質において事務所又は事業所に該当することとなるもの、又は、独身寮、社員住宅等のように特定の従業員の居住のための施設等は、これに含まれません。

　　なお、季節的に私人の住宅等を借り上げて臨時に開放する「海の家」等の施設は、寮等の範囲から除かれます。

(2) 公益法人等及び人格のない社団等に対する課税の取扱い

次の①～③に掲げる者に対しては、それぞれに掲げる場合の区分に応じ、道府県民税若しくは都民税又は市町村民税が課税されます（地法24、25、294、296）。

① **法人税における公共法人**

(イ) 法人住民税が非課税とされるもの（105頁の**4**(1)の表に掲げられているもの）

　　⇒　非課税

(ロ)法人住民税が非課税とされないもの（105頁の**4**(1)の表に掲げられていないもの）

　　⇒　均等割額

② **法人税における公益法人等**

(イ)法人税における公益法人等のうち法人住民税において公益法人等扱いとされるもの（106頁の**4**(2)の表に掲げられているもの）

　イ．収益事業を行わない場合

　　⇒　非課税

　ロ．収益事業を行う場合

　　⇒　均等割額及び法人税割額

　ハ．法人課税信託の引受けを行う場合

　　⇒　法人税割額

(ロ)法人税における公益法人等のうち法人住民税において公益法人等扱いとされないもの（106頁の**4**(2)の表に掲げられていないもの）

　イ．収益事業を行わない場合

　　⇒　均等割額

　ロ．収益事業を行う場合

　　⇒　均等割額及び法人税割額

　ハ．法人課税信託の引受けを行う場合

　　⇒　法人税割額

③ **法人でない社団又は財団で代表者又は管理人の定めのあるもの**

(イ)収益事業を行わない場合

　　⇒　非課税

(ロ)収益事業を行う場合

　　⇒　均等割額及び法人税割額

(ハ)法人課税信託の引受けを行う場合

⇒　法人税割額

(3) 外国法人に対する課税の取扱い

　地方税法の施行地に本店又は主たる事務所若しくは事業所を有しない法人（以下「外国法人」といいます。）については、その事業が行われるいわゆる恒久的施設を、その事務所又は事業所としていることから、外国法人は、都道府県又は市町村に恒久的施設を設けて事業を行う場合に、その恒久的施設所在の都道府県又は市町村において法人住民税が課税されます（地法24①、③、294①、⑤）。

(4) 法人課税信託の受託者に係る課税の取扱い

　法人税法第2条第29号の2に規定する法人課税信託の受託者に係る法人税割については、原則として、各法人課税信託の信託資産等及び固有資産等ごとに、それぞれ別の者とみなして、取り扱われます（地法24の2、294の2）ので、法人課税信託の引受けを行う場合には、その信託の信託資産等に係る所得に対して課税される法人税の法人税額を課税標準として算定される法人税割額によって、法人住民税が課税されます。

　なお、均等割については、法人課税信託の受託者について基本的に一体でとらえ、原則として固有法人の申告と併せて行うこととなります（地法24の2⑤、294の2⑤）。

3 課税団体

　次の(1)～(3)に掲げる者に対しては、それぞれに掲げる場合の区分に応じ、これらの課税団体により道府県民税若しくは都民税又は市町村民税が課税されます（地法24、25、294、296）。

(1) 法人税における公共法人

　（イ）法人住民税が非課税とされるもの（105頁の 4 (1)の表に掲げられているもの）　→　非課税

（ロ）法人住民税が非課税とされないもの（105頁の**4**(1)の表に掲げられていないもの）　→　均等割額
　　　⇒　課税団体：事務所若しくは事業所（以下「事務所等」といいます。）又は寮等所在の都道府県又は市町村

(2) 法人税における公益法人等

　（イ）法人税における公益法人等のうち法人住民税において公益法人等扱いとされるもの（106頁の**4**(2)の表に掲げられているもの）
　　イ．収益事業を行わない場合　→　非課税
　　ロ．収益事業を行う場合　→　均等割額及び法人税割額の合算額
　　　⇒　課税団体：収益事業を行う事務所等所在の都道府県又は市町村
　　ハ．法人課税信託の引受けを行う場合　→　法人税割額
　　　⇒　課税団体：信託事務を行う事務所等所在の都道府県又は市町村
　（ロ）法人税における公益法人等のうち法人住民税において公益法人等扱いとされないもの（106頁の**4**(2)の表に掲げられていないもの）
　　イ．収益事業を行わない場合　→　均等割額
　　　⇒　課税団体：事務所等又は寮等所在の都道府県又は市町村
　　ロ．収益事業を行う場合　→　均等割額及び法人税割額の合算額
　　　⇒　課税団体：事務所等又は寮等所在の都道府県又は市町村（ただし、法人税割は収益事業を行う事務所等所在の都道府県又は市町村が課税します。）
　　ハ．法人課税信託の引受けを行う場合　→　法人税割額
　　　⇒　課税団体：信託事務を行う事務所等所在の都道府県又は市町村

(3) 法人でない社団又は財団で代表者又は管理人の定めのあるもの

　（イ）収益事業を行わない場合　→　非課税
　（ロ）収益事業を行う場合　→　均等割額及び法人税割額の合算額
　　　⇒　課税団体：事務所等又は寮等所在の都道府県又は市町村（ただ

し、法人税割は収益事業を行う事務所等所在の都道府県又は市町村が課税します。）

(ハ)法人課税信託の引受けを行う場合　→　法人税割額

　　⇒　課税団体：信託事務を行う事務所等所在の都道府県又は市町村

(4) その他の法人

均等割額及び法人税割額の合算額

　　⇒　課税団体：事務所等又は寮等所在の都道府県又は市町村

4 非課税

(1) 均等割及び法人税割が非課税とされる者

次に掲げる者に対しては、道府県民税若しくは都民税又は市町村民税の均等割及び法人税割が非課税とされます（地法25①一、296①一）。

> 国、非課税独立行政法人、国立大学法人及び大学共同利用機関法人、日本年金機構、都道府県、市町村、特別区、地方公共団体の組合、財産区、地方開発事業団、合併特例区、地方独立行政法人、港湾法の規定による港務局、土地改良区及び土地改良区連合、水害予防組合及び水害予防組合連合、土地区画整理組合並びに独立行政法人郵便貯金・簡易生命保険管理機構

なお、法人税法第2条第5号に規定する公共法人のうち、上記に掲げるもの以外の公共法人に対しては、均等割額によって法人住民税が課税されます。

(2) 収益事業を行わない場合に非課税とされる者

次に掲げる者に対しては、これらの者が収益事業を行わない場合に限り、道府県民税若しくは都民税又は市町村民税の均等割及び法人税割が非課税とされます（地法25①二、②、296①二、②）ので、これらの者が収益事業を行うものであるときは、これらの者に対しては均等割額及び法人税割額の合算額によって法人住民税が課税されることになります。

また、これらの者が法人課税信託の引受けを行う場合には、その法人課

税信託に対して課税される法人税の法人税額を課税標準として法人税割が課税されます（法法4①、地法25②、296②）。

> 日本赤十字社、社会福祉法人、更生保護法人、宗教法人、学校法人、私立学校法に規定する法人、労働組合法による労働組合、職員団体等に対する法人格の付与に関する法律に規定する法人である職員団体等、漁船保険組合、漁業信用基金協会、漁業共済組合及び漁業共済組合連合会、信用保証協会、農業共済組合及び農業共済組合連合会、農業協同組合連合会（法人税法別表第2第1号に規定する農業協同組合連合会に該当するものに限ります。）、中小企業団体中央会、国民健康保険組合及び国民健康保険団体連合会、全国健康保険協会、健康保険組合及び健康保険組合連合会、国家公務員共済組合及び国家公務員共済組合連合会、地方公務員共済組合、全国市町村職員共済組合連合会、地方公務員共済組合連合会、日本私立学校振興・共済事業団、公益社団法人又は公益財団法人で博物館法に規定する博物館を設置することを主たる目的とするもの又は学術の研究を目的とするもの並びに政党交付金の交付を受ける政党等に対する法人格の付与に関する法律に規定する法人である政党等

5 均等割

(1) 均等割の税率

① 道府県民税及び市町村民税

法人及び法人でない社団又は財団で代表者又は管理人の定めのあるもので収益事業を行うもの（以下「法人」といいます。）に対して課される道府県民税及び市町村民税の均等割の標準税率は、次のとおりです（地法52①、312①）。

法人の区分			標準税率		
			道府県民税（年額）	市町村民税（年額）	
				従業者数 50人以下	従業者数 50人超
資本金等の額を有する法人	資本金等の額	50億円超の法人	80万円	41万円	300万円
		10億円超50億円以下の法人	54万円	41万円	175万円
		1億円超10億円以下の法人	13万円	16万円	40万円
		1,000万円超1億円以下の法人	5万円	13万円	15万円
		1,000万円以下の法人	2万円	5万円	12万円
上記以外の法人			2万円	5万円	

② **都民税**

東京都は、特別区の存する区域内においては、道府県民税に相当する税と市町村民税に相当する税との合算額に相当する税を都民税として（地法734②二）、また、特別区の区域外の都の区域内においては、道府県民税に相当する税を都民税として（地法1②）、それぞれ課します。また、特別区の存する区域において市町村民税に相当する税が都民税として課される場合は、特別区の区域を一の市の区域とみなして（たとえば、江戸川区は江戸川市とみなして）都民税が課されます（地法737）。

したがって、都民税の均等割の税率は、道府県民税及び市町村民税の均等割の標準税率を基準として条例で次のように定められています。

法人等の区分		都民税の均等割の標準税率（年額）					
		I 特別区のみに事務所等又は寮等を有する法人等		II 特別区と都内の市町村のいずれにも事務所等又は寮等を有する法人等			III 都内の市町村にのみ事務所等又は寮等を有する法人等
資本金等の額の区分	特別区内の従業者数	都内の主たる事務所等又は寮等所在の特別区（道府県分＋市町村分）	都内の従たる事務所等又は寮等所在の特別区（市町村分）	道府県分	特別区（市町村分）		道府県分
50億円超	50人超	380万円	300万円	80万円	300万円		80万円
	50人以下	121万円	41万円		41万円		
10億円超 50億円以下	50人超	229万円	175万円	54万円	175万円		54万円
	50人以下	95万円	41万円		41万円		
1億円超 10億円以下	50人超	53万円	40万円	13万円	40万円		13万円
	50人以下	29万円	16万円		16万円		
1千万円超 1億円以下	50人超	20万円	15万円	5万円	15万円		5万円
	50人以下	18万円	13万円		13万円		
1千万円以下	50人超	14万円	12万円	2万円	12万円		2万円
	50人以下	7万円	5万円		5万円		
上記法人以外の法人		7万円	5万円	2万円	5万円		2万円

(2) 資本金等の額

均等割の税率適用区分の基準となる資本金等の額とは、次に掲げる法人の区分に応じ、次に定める額をいいます。

① ②の相互会社以外の法人

法人税法第2条第16号に規定する資本金等の額又は同条第17号の2に規定する連結個別資本金等の額をいいます。

ただし、平成27年4月1日以後に開始する事業年度から、資本金等の額は、次の算式により計算したものとなります（地法23①四の五、

292①四の五)。

〔算式〕

| 法人税法上の資本金等の額又は連結個別資本金等の額 | ＋ | 地方税法により加算される金額（無償増資等）^(＊) | － | 地方税法により減算される金額（無償減資等）^(＊) |

(＊)これらの金額は、地方税法第23条第1項第4号の5及び第292条第1項第4号の5の規定において、加算し、又は減算するとされる金額です。

　なお、上記の法人税法上の資本金等の額又は連結個別資本金等の額は、法人及び申告の区分に応じ、それぞれ定められている次の日現在におけるものとされています（地法23①四の五・292①四の五、地令6の24・45の5、平成27年改正地法附則6⑦・15⑥）。

　(イ)連結法人以外の法人が申告する場合
　　イ．仮決算による中間申告……その事業年度開始の日から6月の期間（法人税額の課税標準の算定期間）の末日
　　ロ．前期実績による予定申告……その事業年度の前事業年度終了の日
　　ハ．確定申告……その事業年度終了の日
　(ロ)連結法人が申告する場合
　　イ．中間申告……その連結事業年度の前連結事業年度終了の日
　　ロ．確定申告……その連結事業年度終了の日

② **保険業法に規定する相互会社**

　法人及び申告の区分に応じて定められている上記①のなお書の(イ)及び(ロ)の日現在における貸借対照表に計上されている総資産の帳簿価額からその貸借対照表に計上されている総負債の帳簿価額を控除

した金額をいいます（地令6の25・45の5）。

(3) 税率適用区分の基準の特則

平成27年4月1日以後に開始する事業年度から、資本金等の額が、資本金の額及び資本準備金の額の合算額又は出資金の額に満たない場合は、その税率適用区分の基準を資本金等の額ではなく資本金の額及び資本準備金の額の合算額又は出資金の額とすることとされています（地法52④⑤⑥、312⑤⑥⑦⑧、地令8の5・48の2、平成27年改正地法附則6⑦・15⑥）。

(4) 均等割額の計算

均等割については、法人が都道府県又は市町村若しくは特別区内に事務所等又は寮等を有する事実に基づいて課税されることになっており、その額は、次の算式により月割によって計算されます（地法52③、312④）。

〔算式〕

$$\text{均等割の額（税率）} \times \frac{\text{法人税額の課税標準の算定期間中において事務所等又は寮等を有していた月数}}{12}$$

(5) 従業者

① 従業者の数

市町村民税の均等割の税率については、適用基準として資本金等の額のほかに従業者の数も加味することとされています。

この場合の従業者とは、俸給、給料、賃金、手当、賞与、その他これらの性質を有する給与の支払を受けるべき者（俸給、給与若しくは賞与又はこれらの性質を有する給与の支払を受けることとされている役員を含みます。）をいいます（地令48、地規3の5）。

また、その従業者の数は、その市町村内における事務所若しくは事業所（以下「事務所等」といいます。）と寮等（寮、宿泊所、クラブその他これらに類する施設をいいます。）の従業者の数の合計数とされてい

ます。

　なお、この従業者の意義は、法人税割の分割基準である従業者と一致するものとされています（取扱通知（市）2章11）が、均等割の従業者の数の算定については、分割基準である従業者の数の算定と異なっています。

② **従業者数の判定時期**

　市町村民税の均等割の税率の適用にあたっての従業者数の合計数は、次に掲げる法人の区分に応じ、それぞれ次に定める日現在の従業者数の合計数とされています（地法312⑤）。

(イ)(ロ)に掲げる法人以外の法人

　イ．中間申告の場合

　　その申告書に係る事業年度開始の日から6月の期間（法人税額の課税標準の算定期間）の末日

　ロ．確定申告の場合

　　その申告書に係る法人税額の課税標準の算定期間の末日（その事業年度終了の日）

(ロ)連結法人

　イ．中間申告の場合

　　その申告書に係る連結事業年度開始の日から6月の期間の末日

　ロ．確定申告の場合

　　その申告書に係る連結法人税額の課税標準の算定期間の末日（その連結事業年度終了の日）

6　法人税割

(1) 概要

法人税割の税額の計算過程は、次のとおりです。

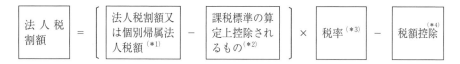

(＊1) 法人税法その他の法人税に関する法令の規定によって計算したものです。

(＊2) 課税標準の算定上控除されるものには、次のものがあります。

　① 控除対象個別帰属調整額

　② 控除対象個別帰属税額

　③ 控除対象還付法人税額

　④ 控除対象個別帰属還付税額

(＊3) 標準税率として、道府県民税：3.2％、市町村民税：9.7％、都民税：12.9％ (3.2％)

　　　　市町村分の都民税

　特別区分の都民税

　なお、この税率は、平成26年10月1日から平成31年9月30日までの間に開始する事業年度分の法人税割に適用される税率です。

(＊4) 税額控除には次のものがあります。

　① 外国税額の控除

　② 仮装経理に係る税額の控除

　③ 利子割額の控除

　④ 租税条約の実施に係る還付すべき金額の控除

(2) 課税標準となる法人税額

① 連結申告法人以外の法人

　連結申告法人以外の法人の法人税割の課税標準は、内国法人においては法人税額とされ、外国法人においては、恒久的施設帰属所得及び恒久的施設非帰属所得の区分ごとの法人税額とされており、(イ) 課

税標準となる法人税額及び（ロ）課税標準に含まれることとなる法人税額等は次のとおりです（地法23①四、292①四）。なお、法人税額には、法人税に係る延滞税、過少申告加算税、無申告加算税及び重加算税の額は含まれません（地法23①四、292①四）。

(イ)課税標準となる法人税額

　イ．国内法人

　　法人税法その他の法人税に関する法令の規定によって計算した法人税額

　ロ．外国法人

　　次に掲げる国内源泉所得の区分ごとに、法人税法その他の法人税に関する法令の規定によって計算した法人税額（平成28年4月1日以後に開始する事業年度から適用）

　　ⅰ）恒久的施設帰属所得

　　　⇒　法人税法第141条第1号イに掲げる国内源泉所得をいいます。

　　ⅱ）恒久的施設非帰属所得

　　　⇒　法人税法第141条第1号ロに掲げる国内源泉所得をいいます。

(ロ)課税標準に含まれることとなる法人税額等

　イ．特定同族会社の課税留保金額に対する法人税額（法法67）

　ロ．退職年金等積立金額に対する法人税額（法法83、措法68の4）（課税停止中）

　ハ．特別控除取戻税額（措法42の5⑤等）

　ニ．使途秘匿金の支出額に対する法人税額（措法62）

　ホ．土地譲渡利益金額に対する法人税額（措法62の3、63）（課税停止中）

第3章　仕事と税金

② **連結申告法人**

　連結納税の承認を受けた法人に課される法人住民税は、単体法人を納税単位として課されますが、連結申告法人の課税標準は個別帰属法人税額とされており、一定の区分に応じ、個別帰属法人税額はそれぞれに定める額をいいます（地法23①四の二、292①四の二）。

③ **法人税割の課税標準の算定上控除されるもの**

　法人税割の課税標準を算定する場合、法人税割の課税標準となる法人税額又は個別帰属法人税額から、まず、控除対象個別帰属調整額及び控除対象個別帰属税額を控除し、次に控除対象還付法人税額及び控除対象個別帰属還付税額を控除します（地法53⑱、321の8⑱）。

(3) 法人税割の税率

① **道府県民税及び市町村民税**

　平成26年度の税制改正においては、地方法人課税の偏在性を是正し、地域間の財政力格差の縮小を図るため、法人税割の税率を引き下げ、その引下げ分に相当する地方法人税が創設され、その法人税割の税率の引下げが平成26年10月1日以後に開始する事業年度から実施されることとなりました。そして、平成28年度の税制改正においても、同様の趣旨により法人税割の税率が引き下げられることとなりましたが、消費税率の引上げ時期の変更に伴う税制上の措置により、引下げ時期が平成31年10月1日以後に開始する事業年度から実施することとされています。

　これにより、法人税割の標準税率及び制限税率は、次のようになります（地法51①、314の4①、平成26年改正法附則1二・3⑩・10⑩）

税目の区分	平成26年10月1日から平成31年9月30日までの間に開始する事業年度		平成31年10月1日以後に開始する事業年度	
	標準税率	制限税率	標準税率	制限税率
道府県民税	3.2%	4.2%	1.0%	2.0%
市町村民税	9.7%	12.1%	6.0%	8.4%

② 都民税

　東京都は、特別区の存する区域内においては、道府県民税に相当する税と市町村民税に相当する税との合算額に相当する税を法人都民税として（地法734②二）、また、特別区の区域外の都の区域内においては、道府県民税に相当する税を法人都民税として、それぞれ課することとされています（地法1②）。

　これにより、法人都民税の法人税割の標準税率と制限税率は次のとおりとされています（地法51①、734③）。

税率適用区分	平成26年10月1日から平成31年9月30日までの間に開始する事業年度		平成31年10月1日以後に開始する事業年度	
	標準税率	制限税率	標準税率	制限税率
特別区の存する区域内に事務所等を有する法人のその特別区分に係る都民税	12.9%	16.3%	7.0%	10.4%
都内の市町村に事務所等を有する法人のその市町村分に係る都民税	3.2%	4.2%	1.0%	2.0%

(4) 税額控除

① 概要

　法人税割については、次に掲げる税額控除制度が設けられています。

　これらの控除は、まず（イ）を控除し、次に（ロ）、（ハ）及び（ニ）の順序に控除することとされています（地法53㉞、321の8㉚、地法

附則8の2の2⑥⑫)

(イ)特定寄附金税額控除（企業版ふるさと納税）

(ロ)外国税額控除

(ハ)仮装経理に基づく過大申告の場合の更正に伴う法人税割額の控除

(ニ)租税条約の実施に係る更正に伴う法人税割額の控除

② **特定寄附金に係る法人税割額の控除（企業版ふるさと納税）**

　青色申告法人又は連結子法人（連結申告法人に限ります。）が、地域再生法の一部を改正する法律（平成28年法律第30号）の施行の日から平成32年3月31日までの間に地域再生法第8条第1項に規定する認定地方公共団体に対して支出したその認定地方公共団体が行ったまち・ひと・しごと創生寄附活用事業に関連する寄附金が控除の対象となります（地法附則8の2の2）。

③ **外国税額控除**

　内国法人又は外国法人が、外国にその源泉がある所得について、外国の法令により法人税若しくは地方法人税又は都道府県民税に法人税割及び利子割若しくは市町村民税の法人税割に相当する税を課された場合は、国際的二重課税を排除する趣旨から、その外国法人税額を、まず国税（法人税及び地方法人税をいいます。）において控除し、国税において控除しきれなかった金額があるときは道府県民税（道府県民税に相当する都民税を含みます。）法人税割額から控除し、さらに控除しきれない額があるときは市町村民税（市町村民税に相当する都民税を含みます。）法人税割額から控除します（地法53㉔、321の8㉔）。

④ **仮装経理に基づく過大申告の場合の更正に伴う法人税割額の控除**

　仮装経理法人税割額及びその法人住民税における取扱いは次のとおりです（地法53㉕、㉞〜㊳、321の8㉕、㉛〜㉟）。

（イ）仮装経理法人税割額

　　各事業年度又は各連結事業年度の開始の日前に開始した事業年度又は連結事業年度の法人税割額について減額更正をした場合、その更正により減少する部分の金額のうち事実を仮装して経理したところに基づくもの（以下「仮装経理法人税割額」といいます。）

（ロ）法人住民税における取扱い

　　その仮装経理法人税割額は、その各事業年度又はその各連結事業年度（その更正の日以後に終了する事業年度又は連結事業年度に限ります。）の法人税割額から、還付又は充当すべきこととなった金額を除き、控除します。

⑤　**租税条約の実施に係る更正に伴う法人税割額の控除**

　相手国において移転価格税制が行われたことにより法人税において更正が行われた場合、法人税割について還付すべき金額が生ずるときは、その租税条約の実施に係る還付すべき金額が法人税割額から控除されます（地法53㉖、321の8㉖）。

　ただし、更正の請求があった日の翌日から起算して3月を経過した日以後に更正が行われた場合には、この控除は行われず、その金額は還付されることになります（地法53㉖、321の8㉖）。

　なお、更正の請求がなく更正が行われたときは、常にこの控除が行われることとなります。

7 申告納付

　法人住民税の徴収は、申告納付の方法により行いますので、法人は、その納付すべき法人住民税の課税標準額及び税額を申告し、その申告した税額を納付することになります。

(1) 中間申告

　各事業年度の所得に対する法人税について中間申告の義務のある法人は、次の①又は②のいずれかの方法により、また、退職年金等積立金に係る法人税について中間申告の義務のある法人(*)及び連結事業年度が6月を超える連結法人（普通法人に限ります。）は、次の①の方法により、それぞれ中間申告を行います。

(*) 平成11年4月1日から平成32年3月31日までの間に開始する各事業年度については法人税の課税が停止されています（措法68の4）。

① **予定申告**

　　予定申告法人又は連結事業年度が6月を超える連結法人は、その法人税の中間申告書で提出期限までに、一定の区分に応じて計算した法人税割額、均等割額その他必要な事項を記載した申告書を、その法人の事業年度又は連結事業年度開始の日から6月の期間中において有する事務所、事業所又は寮等所在地の道府県知事若しくは都知事又は市町村長に提出し、その申告した道府県民税額若しくは都民税額又は市町村民税額を納付しなければなりません（地法53①前段、②、321の8①前段、②、地令8の6、8の8、48の10、48の10の3）。

② **仮決算による中間申告**

　　仮決算による中間申告を行う法人は、法人税の中間申告書の提出期限までに、その申告書に係る法人税額、これを課税標準として算定した法人税割額、均等割額、その他必要な事項を記載した申告書をその法人の事業年度開始の日から6月の期間中において有する事務所、事業者又は寮等所在地の都道府県知事又は市町村長に提出し、その申告した法人住民税額を納付しなければなりません（地法53①前段、②、321の8①前段）。

③ みなす申告

　法人税の中間申告（退職年金等積立金に係るものを除きます。）の義務のある法人又は連結法人（④に該当する法人を除きます。）が、その中間申告書を提出すべき期間内に申告納付をしなかった場合には、その期間を経過した時において事務所、事業者又は寮等所在地の道府県知事、市町村長又は都知事に対し、上記①の前事業年度の実績によって計算した法人税割額及び均等割額を記載した予定申告書の提出があったものとみなされ、その法人は、その申告納付すべき期限内に、その提出があったものとみなされる申告書に係る都道府県民税、市町村民税又は都民税を事務所、事業者又は寮等所在の道府県、市町村又は都に納付しなければなりません（地法53①後段、53③、321の8①後段、321の8③、地令8の7、48の10の2）。

④ **中間申告が免除される法人**

（イ）連結法人以外の法人

　法人税において中間申告を要しないとされる次に掲げる法人は、法人住民税においても中間申告を要しないとされています（地法53①前段、321の8①前段）。

イ．法人税法第71条第1項ただし書の規定により中間申告を要しないとされる法人で、次の算式により計算した金額が10万円以下である法人又はその金額がない法人が該当します。

〔算式〕

前事業年度分の確定法人税額 × $\dfrac{6}{\text{前事業年度の月数}}$

ロ．法人税法第71条第1項本文又は同法第145条の規定により中間申告を要しないとされる法人（協同組合等、公益法人等、人格のない社団等、清算中の法人などが該当します。）

また、法人税の中間申告の義務のある法人でその事業年度開始の日から6月の期間中においてその都道府県又は市町村に寮等のみを有するものは、その都道府県又は市町村に対して、その期間に係る均等割額についての申告納付を要しないとされています（地法53㉛、321の8㉛）。

(ロ) 連結法人

　次に掲げる場合には、中間申告を要しないとされています（地法53②ただし書、321の8②ただし書、地令8の9、8の10、48の10の4、48の10の5）。

　また、法人税の中間申告の義務のある連結法人でその連結事業年度開始の日から6月の期間中においてその都道府県又は市町村に寮等のみを有するものは、その都道府県又は市町村に対して、その期間に係る均等割額についての申告納付を要しないとされています（地法53㉛、321の8㉛）。

イ．連結法人の次の算式により計算した金額が10万円以下又はその金額がない場合（ロに該当する場合を除きます。）

〔算式〕

前連結事業年度分の確定連結法人税個別帰属支払額 × $\dfrac{6}{\text{前連結事業年度の月数}}$

ロ．その連結事業年度の前事業年度の期間が連結事業年度に該当しない連結法人の次の算式により計算した金額が10万円以下又はその金額がない場合

〔算式〕

前事業年度分の確定法人税額 × $\dfrac{6}{\text{前事業年度の月数}}$

(2) 確定申告

① 連結法人以外の法人

連結法人以外の法人の法人住民税の確定申告は、次のとおりです（地法53①、321の8①）。

(イ) 申告すべき法人

 イ．法人税法第74条第1項又は同法第145条の規定によって法人税の確定申告書を提出する義務のある法人

 ロ．法人税法第89条又は同法第145条の2の規定によって法人税の退職年金等積立金に係る確定申告書を提出する義務のある法人

(ロ) 申告納付額

 イ．申告税額

  その法人税の確定申告書に係る法人税額を課税標準として算定した法人税割額及び均等割額（その都道府県又は市町村に寮等のみを有するときは、均等割額）

  なお、上記（イ）のロについては、均等割は課されないこととされています。

 ロ．納付税額

  その申告税額から既に納付すべきことが確定しているもの（中間納付額）がある場合には、これを控除した額

(ハ) 申告納付期限

 その法人税の確定申告書の提出期限

(ニ) 申告すべき団体

 その法人税額の課税標準の算定期間中において有する事務所、事業所又は寮等所在の都道府県又は市町村

② 連結法人

連結法人の法人住民税の確定申告は、次のとおりです（地法53④、

321の8④)。
- (イ) 申告すべき法人
    - イ．法人税法第81条の22第1項の規定によって法人税の連結確定申告書を提出する義務のある連結親法人
    - ロ．連結親法人との間に連結完全支配関係がある連結子法人（連結申告法人に限ります。）
- (ロ) 申告納付額
    - イ．申告税額

        その法人税の連結確定申告書に係る連結法人税額の個別帰属法人税額を課税標準として算定した法人税割額及び均等割額（その都道府県又は市町村に寮等のみを有するときは、均等割額）
    - ロ．納付税額

        その申告税額から既に納付すべきことが確定しているもの（中間納付額）がある場合には、これを控除した額
- (ハ) 申告納付期限

    その法人税の連結確定申告書の提出期限
- (ニ) 申告すべき団体

    その連結法人税額の課税標準の算定期間（連結事業年度に該当する期間に限ります。）中において有する事務所、事業所又は寮等所在の都道府県又は市町村

(3) 公共法人等に係る均等割の申告納付

次に掲げる公共法人等（**4**(105〜106頁)参照）に係る均等割の申告納付は、次のとおりです（地法53⑲、321の8⑲）。

① **申告すべき法人**
- (イ) 公共法人で均等割の納税義務を負うもの（**4**(1)のなお書（105頁）参照）。

（ロ）公益法人等で収益事業を行わないもの（**4**(2)(106頁)参照）
② **申告納付額**
　　均等割額
③ **申告納付期限**
　　毎年4月30日
④ **申告すべき団体**
　　前年4月から3月までの期間中において有する事務所、事業所又は寮等所在の都道府県又は市町村

(4) 期限後申告

　法人住民税の申告書を提出すべき法人は、都道府県知事又は市町村長による更正又は決定の通知があるまでは、その申告書（みなす中間申告書を除きます。）の提出期限後においても、その申告書を提出し、その申告した法人住民税額を納付することができます（地法53㉑、321の8㉑）。

8 分割法人に係る法人税割額の算定方法

　2以上の都道府県に事務所又は事業所（以下「事務所等」といいます。）を有する法人若しくは東京都の特別区と市町村に事務所等を有する法人又は2以上の市町村に事務所等を有する法人（以下「分割法人」といいます。）が都道府県民税若しくは都民税又は申告納付する場合においては、その法人の課税標準となる法人税額又は個別帰属法人税額を事務所等が所在する都道府県又は市町村（以下「関係都道府県又は市町村」といいます。）に分割し、その分割した額を課税標準とし、関係都道府県又は市町村ごとに法人税割額を算定して、これに均等割額を加算した額を申告納付することになります（地法57①、321の13①）。

9 修正申告及び更正の請求

(1) 修正申告

① 一般の修正申告

次に掲げる法人の区分に応じ、それぞれに掲げる事由により修正申告をする必要がある場合には、次の②に該当する場合を除き、遅滞なく、その申告書を提出し又はその更正若しくは決定をした都道府県知事又は市町村長に、修正申告書を提出し、その修正申告により増加した税額を納付しなければなりません（地法53㉒、321の8㉒）。

(イ)道府県民税若しくは都民税又は市町村民税の申告書を提出した法人

　イ．その申告書に記載した税額に不足額があるとき

　ロ．その申告書に記載した利子割に係る還付金の額に相当する税額が過大であるとき

　ハ．その申告書に納付すべき税額を記載しなかった場合において、その納付すべき税額があるとき

　　なお、更正の通知のある日までに修正申告ができます。

(ロ)道府県民税若しくは都民税又は市町村民税について更正又は決定を受けた法人

　イ．その更正又は決定に係る通知書に記載された税額に不足額があるとき

　ロ．その更正又は決定に係る通知書に記載された利子割に係る還付金の額に相当する税額が過大であるとき

　ハ．納付すべき税額がない旨の更正を受けた場合において、その納付すべき税額があるとき

　　なお、再更正の通知のある日までに修正申告ができます。

② 法人税において修正申告をし又は更正若しくは決定を受けた場合の修正申告

次に掲げる法人の区分に応じ、次に掲げる事由により修正申告をする必要がある場合には、関係する都道府県知事又は市町村長に、次の修正申告期限までに、修正申告書を提出し、その修正申告により増加した税額を納付しなければなりません（地法53㉓、321の8㉓）。

(イ)法人税について修正申告を行った法人

その法人が法人税に係る修正申告書を提出したことによって、道府県民税若しくは都民税又は市町村民税について納付すべき税額が生じたとき

なお、修正申告期限は、その修正申告によって増加した法人税額又は連結法人税額を納付すべき日とします。

(ロ)法人税について更正又は決定を受けた法人

その法人が法人税に係る更正又は決定の通知を受けたことによって、道府県民税若しくは都民税又は市町村民税について納付すべき税額が生じたとき

なお、修正申告期限は、その更正又は決定によって増加した法人税額又は連結法人税額を納付すべき日とします。

③ 修正申告により納付する税額に係る延滞金

修正申告により増加した税額を納付する場合においては、その税額に、その法人住民税の本来の納期限（納期限の延長があったときは、その延長された納期限）の翌日からその修正申告に係る税額を納付した日までの期間の日数に応じ、一定の延滞金額を加算して納付することになります（地法64、326）。

なお、修正申告書を提出した場合において、その法人住民税の申告書を提出した日の翌日から1年を経過する日後に修正申告書を提出し

たときは、詐欺その他不正の行為によりその税額を免れた法人が更正があるべきことを予知して修正申告書を提出した場合を除き、その1年を経過する日の翌日からその修正申告書を提出した日までの期間は、延滞金の計算の基礎となる期間から控除されます（地法64②、326②）。

(2) 更正の請求

一定の事由に該当して更正の請求ができるときは、一定の請求期間内に限り、都道府県知事又は市区町村長に対し、更正前・更正後の課税標準等・税額等その他更正請求理由、その請求をするに至った事情の詳細を記載した更正の請求書（総務省令第10号の3様式・第10号の4様式）を提出して、都道府県民税若しくは都民税又は市町村民税に係る課税標準等又は税額等について更正の請求をすることができます（地法20の9の3、53の2、321の8の2）。

10 更正又は決定

都道府県知事又は市町村長は、法人税額若しくは個別帰属法人税額又はこれらを課税標準として算定した法人税割額の申告があった場合において、その申告に係る法人税額又はその申告に係る連結法人税額の個別帰属法人税額が確定法人税額又は確定個別帰属法人税額と異なる場合等及びその申告がなされなかった場合には、これを更正し、又は決定することとされています。

ただし、都道府県知事又は市町村長は、確定法人税額又は確定個別帰属法人税額そのものを独自に計算し、増額又は減額して更正し、又は決定することはできません。

(1) 更正

都道府県知事又は市町村長は、道府県民税若しくは都民税又は市町村民

税の申告書の提出があった場合において、次のいずれかに該当するときは、これを更正します（地法55①、321の11①）。

① その申告に係る法人税額又はこれを課税標準として算定した法人税割額がその調査によって、確定法人税額又はこれを課税標準として算定すべき法人税割額と異なることを発見したとき

② その申告に係る個別帰属法人税額又はこれを課税標準として算定した法人税割額がその調査によって、確定個別帰属法人税額又はこれを課税標準として算定すべき法人税割額と異なることを発見したとき

③ その申告に係る予定申告の法人税割額又は予定申告に係る連結法人の法人税割額の算定について誤りがあることを発見したとき

④ その申告に係る確定法人税額又は確定個別帰属法人税額の分割の基準となる従業者数が修正されたとき

⑤ その申告に係る均等割額がその調査したところと異なることを発見したとき

⑥ その申告に係る法人税割額から控除されるべき額又は還付すべき額がその調査したところと異なることを発見したとき

(2) 決定

都道府県知事又は市町村長は、法人が道府県民税若しくは都民税又は市町村民税の申告書を提出しなかった場合においては、その調査によって、申告すべき確定法人税額又は確定個別帰属法人税額並びに法人税割額又は均等割額を決定します（地法55②、321の11②）。

(3) 再更正

都道府県知事又は市町村長は、道府県民税額若しくは都民税額又は市町村民税額について更正又は決定をした場合において、次の再更正の事由に該当するときは、これを再更正します（地法55③、321の11③）。

① その更正又は決定をした法人税額又は個別帰属法人税額又は法人税

割額がその調査によって、確定法人税額又は確定個別帰属法人税額又はこれらを課税標準として算定すべき法人税割額と異なることを発見したとき

② その更正又は決定をした均等割額がその調査したところと異なることを発見したとき

③ その更正又は決定をした法人税割額から控除されるべき額又は還付すべき額がその調査したところと異なることを発見したとき

(4) 不足税額及びその延滞金の徴収

① 不足税額の徴収

都道府県又は市町村の徴税吏員は、上記の更正による不足税額又は決定による税額^(*)について、その更正又は決定の通知をした日から1月を経過した日を納期限として、不足税額を徴収します（地法56①、321の12①）。

（＊）利子割に係る還付金の額に相当する税額が過大であったことによる納付すべき額を含みます。

② 延滞金の徴収

不足税額を徴収する場合においては、本来の納期限（納期限の延長があったときは、その延長された納期限）の翌日から納付の日までの期間の日数に応じ、一定の延滞金額を加算して納付することになります（地法56②、321の12②）。

なお、更正の通知をした日が、その法人住民税の申告書を提出した日の翌日から1年を経過する日後であるときは、詐欺その他不正の行為により道府県民税若しくは都民税又は市町村民税を免れた場合を除き、その1年を経過する日の翌日からその通知をした日までの期間は、延滞金の計算の基礎となる期間から控除されます（地法56③、321の12③）。

4 固定資産税（償却資産）

1 課税客体となる償却資産

(1) 課税客体となる償却資産の意義

固定資産税の課税客体となる償却資産は、次に掲げる要件を備えているものをいいます（地法341四）。

① 土地及び家屋以外の事業の用に供することができる資産であること
② その資産の減価償却額又は減価償却費が法人税法又は所得税法の規定による所得の計算上損金又は必要な経費に算入される資産で一定の少額資産以外のもの（これに類する資産で法人税又は所得税を課されない者が所有するものを含みます。）であること
③ 鉱業権、漁業権、特許権その他の無形減価償却資産でないこと
④ 自動車税の課税客体である自動車及び軽自動車税の課税客体である軽自動車等でないこと

(2) 事業の用に供することができる資産

課税客体となる償却資産としての要件の一つである「事業の用に供することができる資産」であるか否かについては、次によることとなります。

① 「事業」とは、一般に、一定の目的のために一定の行為を継続、反復して行うことをいいます。この場合の事業は、必ずしも営利又は収益そのものを得ることを直接の目的とする必要はありません。
② 「事業の用に供する」とは、資産をその事業に直接か間接かを問わず使用する場合をいいます。例えば、企業がその社員の利用に供する

ために設置している福利厚生施設（医療施設、食堂施設、寄宿舎、娯楽施設等）の用に供されている設備、備品等の資産は、間接的に企業としてその事業の用に供していることとなり、帳簿記載の有無にかかわらずその資産は償却資産として課税客体となります。

③　「事業の用に供する」場合には、所有者自身が事業を行わず、その資産を他の者に貸し付けて、その者がその資産を事業の用に供している場合又は事業の用に供し得る状態においている場合も含まれるため、資産の貸付けを業としている者がその貸付け資産を他に貸し付けたときは、その貸付けられた資産が貸付け先で事業の用に供されているか否かにかかわらず、その資産は、貸付事業者の事業の用に供されていますので、償却資産として課税客体となります。

④　「事業の用に供することができる資産」とは、事業用資産のことをいい、家庭用の器具備品等のような非事業用の資産や商品である機械等あるいは貯蔵品とみられる機械等のような棚卸資産は、ここでいう課税客体である償却資産には含まれません。

⑤　「事業の用に供することができる資産」には、現に事業の用に供されている資産はもとより、事業の用に供する目的をもって所有され、かつ、それが事業の用に供することができると認められる状態にある資産も含まれるため、一時的に事業の活動を停止し、遊休、未稼働の状態にある資産であっても、それが事業の用に供する目的をもって保有され、本来的に事業の用に供することができる状態にあるものは、課税客体である償却資産に含まれることとなります。

　ただし、用途廃止資産(*)で、将来において使用できないような廃棄同様の状態にあるもの、あるいは将来においても使用しないことが客観的に明確であるものは、事業の用に供することができない資産として取り扱われます。

(＊)生産方式の変更、機能の劣化、技術革新に伴う旧式化等の事由によって、現実には使用されなくなり、将来他に転用する見込みもないまま、解体又は撤去もされず、原形を止めている状態にあるものをいいます。

⑥　事業の用に供することのできる資産であるか否かについては、資産の持つ機能はもとより、その資産の保有者の保有する目的等を総合的に判断することとなるため、例えば、家庭用として使用されるミシンは、事業の用に供していないことから課税客体である償却資産には該当しませんが、これが洋裁店等で使用される場合は、事業の用に供されていることになることから課税客体である償却資産に該当することになります。

⑦　工具、器具及び備品のような課税客体となり得る資産であっても、購入後倉庫に保管されているような場合のいわゆる貯蔵品とみられるものは「棚卸資産」に該当しますので、事業の用に供することができる資産には含まれません。

⑧　清算中の法人が所有する資産については、その法人が自らの清算事務の用に供しているもの及び他の事業者に事業用資産として貸し付けているもの等その事業の用に供しているものを除き、償却資産として課税客体に含めない取り扱いとなります。

⑨　その資産が賦課期日現在において事業の用に供することができる状態にあるものが償却資産として課税客体となります。この場合、賦課期日現在において事業の用に供するかどうかの判定は、その資産の種類、機能、企業の形態、内容等を検討し、客観的な事実認定によって判断することになります。

⑩　大規模な工場や発電所の建設が行われる場合等において、その資産が建設仮勘定で経理されているものであっても、その一部が賦課期日までに完成し、事業の用に供することができるものであるときは、原

則として、その完成部分が償却資産として課税客体となります。

(3) その資産の減価償却額又は減価償却費が損金又は必要な経費に算入される資産

「その減価償却額又は減価償却費が法人税法又は所得税法の規定による所得の計算上損金又は必要な経費に算入されるもの」とは、法人税法施行令第13条又は所得税法施行令第6条に規定する資産をいいますが、地方税法第341条第4号の償却資産は、これらの資産のうち家屋や無形固定資産以外の資産をいうものであり、現実に必ずしも所得の計算上損金又は必要な経費に算入されていることを要しないものであって、その資産の性質上損金又は必要な経費に算入されるべきものであれば足りるものとされています。ただし、法人税法施行令第13条第9号又は所得税法施行令第6条第9号に掲げる牛、馬、果樹その他の生物は、これらの資産の性格に鑑み、固定資産税の課税客体とはしないものとされています（取扱通知（市）3章5）。

(4) 法人税又は所得税を課されない者が所有する資産

法人税又は所得税が非課税とされる者が所有する資産については、その資産を所有する者が法人税又は所得税を課されるものであったとしたならば、法人税法又は所得税法の規定による所得の計算上、その資産の減価償却額又は減価償却費が損金又は必要な経費に算入されるべき性質の資産であれば、資産を所有する他の者との均衡を考慮して、課税客体である償却資産とすることとされています。

(5) 課税客体とされない償却資産

① 無形減価償却資産の除外

固定資産税においては、次の無形減価償却資産は、課税客体である償却資産の範囲から除外されています（地法341四、法令13八、所令6八）。

鉱業権（祖鉱権、採石権等を含みます。）、漁業権（入漁権を含みます。）、ダム使用権、水利権、特許権、実用新案権、意匠権、商標権、ソフトウエア、育成者権、公共施設等運営権、営業権、専用側線利用権、鉄道軌道連絡通行施設利用権、電気ガス供給施設利用権、水道施設利用権、工業用水道施設利用権、電気通信施設利用権

② **少額償却資産の除外**

次に掲げる減価償却資産は、課税客体である償却資産から除外されています（地法341四、地令49）。

ただし、リース資産にあっては、そのリース資産の所有者がそのリース資産を取得した際における取得価額が20万円未満のものを少額償却資産とするとされています（地令49ただし書）。

（イ）減価償却資産で使用可能期間が1年未満であるもの又は取得価額が10万円未満で、その資産の取得価額相当額を、法人税法又は所得税法の規定による所得の計算上法人税法施行令第133条又は所得税法施行令第138条の規定を適用して一時に損金又は必要な経費に算入しているもの

（ロ）減価償却資産でその取得価額が20万円未満であるものを一括償却資産として法人税法施行令第133条の2又は所得税法施行令第139条第1項の規定を適用して3年均等償却を行っているもの

なお、使用可能期間が1年未満であるもの又は取得価額が20万円未満のものであっても、これを資産計上して、個別に減価償却しているものは、この場合における少額償却資産とはなりません。

③ **自動車税及び軽自動車税の課税対象資産の除外等**

次の（イ）は、地方税の体系において二重課税を避けるため、課税客体から除外される自動車等とされています（地法341四）。また、次の（ロ）は課税客体となる自動車です。

(イ)課税客体から除される自動車等

　イ．自動車税の課税客体である自動車

　ロ．軽自動車税の課税客体である原動機付自転車、軽自動車、小型特殊自動車及び二輪の小型自動車

(ロ)課税客体となる自動車

　道路運送車両法施行規則別表第1に掲げる大型特殊自動車

(6) 非課税とされる償却資産

固定資産税の非課税制度（物的非課税）を参照。

2 納税義務者

(1) 償却資産に係る固定資産税の納税義務者

償却資産に係る固定資産税の納税義務者は、賦課期日（例えば、平成29年度分の固定資産税の場合は、平成29年1月1日）現在において、事業の用に供することができる償却資産を現実に所有している者で償却資産課税台帳に所有者として登録されている者（台帳課税主義）をいいます（地法343①、③、359）。

(2) 納税義務者に対する特則

償却資産に対する固定資産税は、償却資産の所有者に課することを原則としていますが、所有権留保付売買に係る償却資産、信託に係る償却資産及び賃借人が取り付けた家屋の特定附帯設備に対して課する場合については、特則が設けられています（地法342③、343⑧、343⑨、取扱通知（市）3章10・12）。

3 課税団体

(1) 償却資産に対する固定資産税の課税団体

償却資産に対する固定資産税の課税団体は、次のとおりです（地法

342、349の4、349の5、389、734、740)

区分		課税団体
① 一般の償却資産（②～④以外のもの）		所在市町村
② 移動性償却資産^(注1)又は可動性償却資産^(注2)	総務大臣が指定するもの（地法389①一該当資産）	都道府県知事又は総務大臣から価格等の配分を受けた市町村
	船舶（総務大臣が指定するものを除きます。）	主たる定けい場^(注3)所在の市町村
	船舶以外のもの（総務大臣が指定するものを除きます。）	主たる定置場^(注4)所在の市町村
③ 鉄道、軌道、発電、送電、配電若しくは電気通信の用に供する固定資産又は2以上の市町村にわたって所在する固定資産のうち総務大臣が指定するもの（地法389①二該当資産）		都道府県知事又は総務大臣から価格等の配分を受けた市町村
④ 大規模償却資産（東京都特別区及び指定都市に所在するものを除きます。）	一定の限度額以内の額	所在市町村
	一定の限度額を超える額	所在市町村を包括する都道府県

(注1) 移動性償却資産とは、船舶、車両、航空機、大型特殊自動車等自力によって本来移動することのできる償却資産をいいます。
(注2) 可動性償却資産とは、建設用機械、推進器のない浚渫船等人力又は機械力その他によって移動することが可能であり、かつ、工事現場作業場等の移動に伴ってその所在が移動する償却資産をいいます。
(注3) 主たる定けい場とは、船舶の定けい場のうち主要なものをいい、船舶の発着地関係、旅客輸送関係、入港回数、在泊時間の長短等の具体的事実及び資料によって総合的に勘案した結果、船舶航行の本拠地と認定されるべき場所をいいます。
(注4) 主たる定置場とは、車両、建設用機械等が通常定置される場所のことであり、一般的には、その車両等が日常の業務に使用される場合の本拠地的な場所（車両の車庫の所在地及び建設用機械の管理事務所の所在地など）をいいます。

(2) 東京都特別区の存する区域における課税団体の特例

　東京都特別区に所在する償却資産及び同特別区に主たる定けい場又は定置場が所在する償却資産並びに東京都が価格等の配分を受ける償却資産に対しては、東京都が課税することとされています（地法734①）。

4 課税標準

(1) 償却資産の課税標準

償却資産に対して課される固定資産税の課税標準は、賦課期日におけるその償却資産の価格で償却資産課税台帳に登録されたもの（地法349の2）であり、その価格は、適正な時価をいいます（地法341五）。

なお、償却資産の課税標準であるこの価格は、基準年度の価格が原則として3年間据え置かれることとなっている土地や家屋と異なり、毎年、その償却資産に係る賦課期日における価格によって、その償却資産の評価をしたものとされています（地法349の2、409③）。

(2) 総務大臣が指定する償却資産の課税標準

次の①に掲げる総務大臣の指定する償却資産（以下「指定償却資産」といいます。）に係る課税標準は、次の②に掲げる配分された価格等が課税標準となります（地法389①）。

① 総務大臣が指定する償却資産

(イ)移動性償却資産又は可動性償却資産で2以上の市町村にわたって使用されるもの（地法389①一該当資産）のうち総務大臣が指定しているものは、次のとおりです。

鉄道及び軌道に係る車両、索道に係る搬器、航空機（定期航空路線に就航するもの）、船舶（原則として総トン数500トン以上のもの）

(ロ)鉄道、軌道、発電、送電、配電若しくは電気通信の用に供する固定資産又は2以上の市町村にわたって所在する固定資産で、その全体を一の固定資産として評価しなければ適正な評価ができないと認められるもの（地法389①二該当資産）のうち総務大臣が指定しているものは、次のとおりです。

鉄道及び軌道事業の用に供する償却資産（車両を除きます。）、

専用鉄道に係る償却資産（車両を除きます。）、ガス事業の用に供する償却資産、天然ガス事業の用に供する償却資産、電気事業の用に供する償却資産、索道事業の用に供する償却資産（搬器を除きます。）、送水管に係る償却資産、道路事業の用に供する償却資産、原料運搬施設に係る償却資産、水道又は工業用水道の用に供する償却資産、電気通信事業の用に供する償却資産、その他の償却資産

② **償却資産の価格等の配分**

指定償却資産に対する固定資産税の課税は、次の（イ）から（ハ）までの手続を経て行われることになっており、指定償却資産に係るその市町村の課税標準は、（ロ）によって価格等の配分を受けたものとなります。

（イ）評価

指定償却資産の関係市町村が同一都道府県内にある場合には都道府県知事が、関係市町村が2以上の都道府県にかかる場合には総務大臣が、固定資産評価基準によって評価を行います（地法389①）。

（ロ）価格等の配分

都道府県知事又は総務大臣は、「地方税法第389条第1項の規定により道府県知事又は総務大臣が決定する固定資産の価格の配分に関する規則（昭和28年総理府令第91号）」の定めるところによって、その固定資産が所在するものとされる市町村並びにその価格及び課税標準の特例を受ける固定資産についてはその特例の適用後の価格（以下「価格等」といいます。）を決定し、その決定した価格等を関係市町村に配分します（地法389①）。

この場合、都道府県知事又は総務大臣は、決定し、配分した価格等を3月31日までにその市町村の長に通知しなければなりません

（地法389①）。

(ハ) 登録

　価格等の配分を受けた市町村は、遅滞なく、その市町村に配分された償却資産の価格等を固定資産課税台帳に登録し（地法389②）、その指定償却資産に対して固定資産税を課税します。

(3) 大規模償却資産の課税標準等

① **大規模償却資産の意義**

　大規模償却資産とは、一の納税義務者が所有する償却資産で、一の市町村に所在するものの価額の合計額が、次に掲げる市町村の区分に応じ、それぞれに掲げる金額を超えるものをいいます（地法349の4①）。

(イ) 人口5千人未満の町村

　　⇒　5億円

(ロ) 人口5千人以上1万人未満の市町村

　　⇒　人口6千人未満の場合においては5億4千4百万円、

　　　　人口6千人以上の場合においては5億4千4百万円に人口5千人から計算して人口1千人を増すごとに4千4百万円を加算した額

(ハ) 人口1万人以上3万人未満の市町村

　　⇒　人口1万2千人未満の場合においては7億6千8百万円、

　　　　人口1万2千人以上の場合においては7億6千8百万円に人口1万人から計算して人口2千人を増すごとに4千8百万円を加算した額

(ニ) 人口3万人以上20万人未満の市町村

　　⇒　人口3万5千人未満の場合においては12億8千万円、

　　　　人口3万5千人以上の場合においては12億8千万円に人口3万人から計算して人口5千人を増すごとに8千万円を加算し

た額

（ホ）人口20万人以上の市

　　　⇒　40億円

② **大規模償却資産に対する固定資産税の課税**

　大規模償却資産に係る固定資産税については、その大規模償却資産の所在市町村が次の（イ）に掲げる金額（これを「課税定額」といいます。）を課税標準として固定資産税を課税し、所在市町村が課税することのできる金額を超える部分の金額については、次の（ロ）のとおり、所在市町村を包括する都道府県が課税することとされています（地法349の4①、740）。

（イ）所在市町村が課する部分

　その大規模償却資産の価額のうち、上記①の市町村の区分ごとの金額

　ただし、人口3万人以上の市町村（上記①の（ニ）及び（ホ））においてその償却資産の10分の4の額がその市町村に係る区分ごとの金額を超えるときは、その償却資産の価額の10分の4の額とします。

（ロ）包括都道府県が課する部分

　その大規模償却資産の価額のうち所在市町村が課することができる金額を超える部分の金額

　なお、指定都市に所在する大規模償却資産については、この課税制度は適用されないこととなっています（地法349の4①）。

　また、東京都が特別区の存する区域において固定資産税を課する場合においても、この課税制度を適用しないこととされています（地法734④）。

③ **財源保障による課税定額の増額**

　所在市町村が大規模償却資産に対して課税することができる課税定

額は、原則として上記②によることとなりますが、この課税定額によるとすれば所在市町村のその年度の基準財政収入見込額が前年度の基準財政需要額の1.6倍に満たないこととなる場合には、1.6倍に達することとなるまで課税定額を増額するという財源保障の制度が設けられています（地法349の4②）。

④ 新設大規模償却資産の場合の特例

一定の新設大規模償却資産については、一定年度分の固定資産税に限り、市町村の課税限度額について特別の定めをし、市町村の税収制限を緩和することとされています（地法349の5）

(4) 課税標準の特例

償却資産に対して課される固定資産税の課税標準については、国等における国土交通対策、中小企業対策、農林漁業対策、社会福祉対策及び環境対策等に資する見地から、課税標準の特例措置が講じられています。

なお、平成28年度税制改正において3年間の時限措置として機械・装置を対象に創設した償却資産に係る固定資産税の特例措置について、地域・業種を限定した上で、その対象に一定の工具、器具、備品等が追加されました（平成29年4月1日から平成31年3月31日までの間に取得した対象資産について適用）。

5 償却資産税の評価

償却資産の課税標準となる価格については、毎年、その償却資産に係る賦課期日における価格によって、その償却資産の評価を行うことになります（地法409③）。

この評価は、具体的には、固定資産評価基準によって行われます。

(1) 償却資産の評価及び価格等の決定主体

償却資産の評価は、償却資産の区分に応じ、固定資産評価員等が行いま

す（地法389、409③、410、743①）。

図示すると次のようになります。

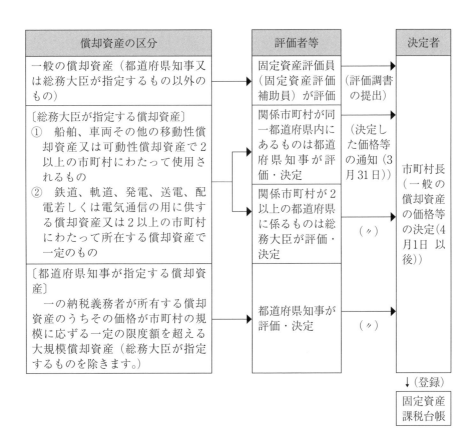

(2) 償却資産の評価の基本

償却資産の評価については、固定資産評価基準第3章第1節一に定められています。

(3) 償却資産の評価方法

償却資産の評価額は、償却資産の区分に応じ、一定の方法によって求めることになります（固定資産評価基準第3章第1節二～四）。

6 免税点及び申告

(1) 償却資産に対して課する固定資産税の免税点

一の納税義務者の名寄せ課税標準額(*)が免税点(150万円)に満たないときは、その納税義務者の所有する償却資産に対しては、固定資産税は課されません(地法351)。

(*)一の納税義務者がその市町村内において所有するすべての償却資産についての課税標準となるべき額の合計額をいいます。

(2) 償却資産の申告

償却資産の所有者は、「償却資産申告書」(総務省令第26号様式)又は「固定資産申告書(道府県知事又は総務大臣に対する申告書)」(総務省令第30号様式)によって、毎年1月1日現在における償却資産に係る固定資産税の賦課について必要な事項を1月31日までに、次表に掲げる償却資産の区分に応じ、それぞれに掲げる市町村長、都道府県知事又は総務大臣に申告しなければなりません(地法383、394、745)。

区分			申告先
下欄以外の償却資産			所在地の市町村長又は東京都知事(特別区の区域内に係るもの)
総務大臣が指定するもの	① 移動性償却資産又は可動性償却資産で2以上の市町村にわたって使用されるもの(地法389①一) ② 鉄道、軌道、発電、送電、配電若しくは電気通信の用に供する償却資産又は2以上の市町村にわたって所在する償却資産でその全体を一の償却資産として評価しなければ適正な評価ができないと認められるもの(地法389①二)	その償却資産が一の都道府県内に所在するもの	所在地の都道府県知事
		その固定資産が2以上の都道府県にわたって所在するもの	総務大臣
指定大規模償却資産(総務大臣が指定するものを除きます。)(地法742①)			所在地の都道府県知事

5 事業所税

　事業所税は、人口・企業が集中し、都市環境の整備を必要とする都市の行政サービスとそこに所在する事務所又は事業所との受益関係に着目して、これらの事務所又は事業所に対して特別な税負担を求める目的税であり、その課税は、企業等の事業活動を外形基準でとらえて課する外形標準課税によっています。

1 課税客体及び納税義務者

(1) 通常の場合

　事業所税の課税客体及び納税義務者は、次のとおりとされており（地法701の32①）、その納税義務者に対しては、資産割額及び従業者割額の合算額によって事業所税が課されます（地法701の32①）。

① **課税客体**
　　事務所又は事業所において法人又は個人の行う事業

② **納税義務者**
　　事務所又は事業所において事業を行う法人又は個人

(2) 親族等特殊関係者が事業を行う場合の納税義務者の特則

　親族等特殊関係者が事業を行う場合には、事業所税の負担の均衡化及び租税回避行為の防止等の観点から、納税義務者について次のような特則が設けられています（地法701の32②）。

① **特則の適用される場合**
　　特殊関係者を有する者がある場合において、その特殊関係者が行う

事業について、特別の事情があるとき

② **特則の内容（連帯納税義務）**

その特別の事情のある事業は、特殊関係者を有する者とその特殊関係者との共同事業とみなされますので、その特殊関係者を有する者及びその特殊関係者は、その事業に係る事業所税については、地方税法第10条の2第1項の規定により連帯して納税義務を負うこととなります。

2 課税団体

課税団体は、次に掲げる団体（以下「指定都市等」といいます。）に限られています（地法701の30、701の31①一、735、地令56の15）ので、事業所税は、これらの指定都市等に事業所等を設けて事業を行う者に対し、その事業所等所在の指定都市等が課することとなります。

なお、東京都特別区の存する区域においては、東京都が事業所税を課することとされています（地法735①）。

(1) 東京都（特別区の存する区域に限ります。）

(2) 地方自治法第252条の19第1項の政令指定都市

札幌市、仙台市、さいたま市、千葉市、横浜市、川崎市、相模原市、新潟市、静岡市、浜松市、名古屋市、京都市、大阪市、堺市、神戸市、岡山市、広島市、北九州市、福岡市、熊本市

(3) (2)の市以外の市で首都圏整備法第2条第3項に規定する既成市街地を有する市又は近畿圏整備法第2条第3項に規定する既成都市区域を有する市

川口市、武蔵野市、三鷹市、守口市、東大阪市、尼崎市、西宮市、芦屋市

(4) (2)及び(3)の市以外の市で人口30万人[*]以上の市のうち政令で

指定する市

　旭川市、秋田市、郡山市、いわき市、宇都宮市、前橋市、高崎市、川越市、所沢市、越谷市、市川市、船橋市、松戸市、柏市、八王子市、町田市、横須賀市、藤沢市、富山市、金沢市、長野市、岐阜市、豊橋市、岡崎市、一宮市、春日井市、豊田市、四日市市、大津市、豊中市、吹田市、高槻市、枚方市、姫路市、奈良市、和歌山市、倉敷市、福山市、高松市、松山市、高知市、久留米市、長崎市、大分市、宮崎市、鹿児島市、那覇市

（＊）人口は、最近の1月1日現在において住民基本台帳法に基づき住民基本台帳に記録されている者の数とされています（地令56の15）。

3　非課税の範囲

(1) 人的非課税

①　国及び公共法人

　国及び非課税独立行政法人並びに法人税法第2条第5号の公共法人（非課税独立行政法人であるものを除きます。）に対しては、事業所税が非課税とされています（地法701の34①）。

②　公益法人等又は人格のない社団等

　次に掲げる者が事業所等において行う事業のうち収益事業以外の事業に係る事業所床面積及び従業者給与総額に対しては、事業所税が非課税とされています（地法701の34②）。

（イ）法人税法第2条第6号の公益法人等（防災街区整備事業組合、管理組合法人及び団地管理組合法人、マンション建替組合及びマンション敷地売却組合、地方自治法第260条の2第7項に規定する認可地縁団体、政党交付金の交付を受ける政党等に対する法人格の付与に関する法律第7条の2第1項に規定する法人である政党等並びに特定非営利活動促進法第2条第2項に規定する特定非営利活動法

人を含みます。)

(ロ)人格のない社団等

(2) 用途非課税

① 資産割及び従業者割が非課税とされるもの

次に掲げる施設に係る事業所等において行う事業に対しては、事業所税が非課税とされています(地法701の34③)。

①	博物館法に規定する博物館その他一定の教育文化施設(⑪に該当するものを除きます。)
②	公衆浴場法に規定する公衆浴場で一定のもの
③	と畜場法に規定すると畜場
④	化製場等に関する法律に規定する死亡獣畜取扱場
⑤	水道法に規定する水道施設
⑥	廃棄物の処理及び清掃に関する法律の規定による許可若しくは認可を受けて、又は同法の規定により市町村の委託を受けて行う一般廃棄物の収集、運搬又は処分の事業の用に供する施設
⑦	医療法に規定する病院及び診療所、介護保険法に規定する介護老人保健施設で一定のもの並びに看護師、准看護師、歯科衛生士その他一定の医療関係者の養成所
⑧	生活保護法に規定する保護施設で一定のもの
⑨	児童福祉法に規定する小規模保育事業の用に供する施設
⑩	児童福祉法に規定する児童福祉施設で一定のもの(⑪に該当するものを除きます。)
⑪	就学前の子どもに関する教育、保育等の総合的な提供の推進に関する法律に規定する認定こども園
⑫	老人福祉法に規定する老人福祉施設で一定のもの
⑬	障害者の日常生活及び社会生活を総合的に支援するための法律に規定する障害者支援施設
⑭	社会福祉法に規定する社会福祉事業の用に供する施設で一定のもの
⑮	介護保険法に規定する包括的支援事業の用に供する施設
⑯	児童福祉法に規定する家庭的保育事業、居宅訪問型保育事業又は事業所内保育事業の用に供する施設
⑰	農業、林業又は漁業を営む者が直接その生産の用に供する施設で一定のもの

⑱	農業協同組合、水産業協同組合、森林組合その他一定の法人が農林水産業者の共同利用に供する施設で一定のもの
⑲	卸売市場法に規定する卸売市場及びその機能を補完する一定の施設
⑳	電気事業法に規定する一般送配電事業、送電事業又は発電事業の用に供する施設で一定のもの
㉑	ガス事業法に規定する一般ガス導管事業又はガス製造事業の用（そのガス製造事業により製造されたガスが、直接又は間接に一般ガス導管事業者が維持し、及び運用する導管により受け入れられるものに限ります。）に供する施設で一定のもの
㉒	独立行政法人中小企業基盤整備機構法に規定する連携等又は中小企業の集積の活性化に寄与する事業で一定のものを行う者が都道府県又は独立行政法人中小企業基盤整備機構から資金の貸付けを受けて設置する施設のうち、一定の事業の用に供する施設で一定のもの
㉓	次の（イ）又は（ロ）に掲げる施設 （イ）総合特別区域法第2条第2項第5号イに規定する事業（総務省令で定めるものを除きます。）を行う者が市町村（特別区を含みます。）から資金の貸付けを受けて設置する施設のうち、その事業又はその事業に係るものとして一定の事業の用に供する施設で一定のもの （ロ）総合特別区域法第2条第3項第5号イに規定する事業（総務省令で定めるものを除きます。）を行う者が市町村（特別区を含みます。）から資金の貸付けを受けて設置する施設のうち、その事業又はその事業に係るものとして一定の事業の用に供する施設で一定のもの
㉔	鉄道事業法に規定する鉄道事業者又は軌道法に規定する軌道経営者がその本来の事業の用に供する施設で一定のもの
㉕	道路運送法に規定する一般乗合旅客自動車運送事業（線路を定めて定期に運行する自動車により乗合旅客を運送するものに限ります。）若しくは貨物自動車運送事業法に規定する一般貨物自動車運送事業又は貨物利用運送事業法に規定する貨物利用運送事業のうち鉄道運送事業者の行う貨物の運送に係るもの若しくは第2種貨物利用運送事業のうち航空運送事業者の行う貨物の運送に係るもの（その第2種貨物利用運送事業に係る貨物の集貨又は配達を自動車を使用して行う事業（特定の者の需要に応じてするものを除きます。）に係る部分に限ります。）を経営する者がその本来の事業の用に供する施設で一定のもの
㉖	自動車ターミナル法に規定するバスターミナル又はトラックターミナルの用に供する施設で一定のもの
㉗	国際路線に就航する航空機が使用する公共の飛行場に設置される施設でその国際路線に係る一定のもの

㉘	専ら公衆の利用を目的として電気通信回線設備（送信の場所と受信の場所との間を接続する伝送路設備及びこれと一体として設置される交換設備並びにこれらの附属設備をいいます。）を設置して電気通信事業法に規定する電気通信役務を提供する電気通信事業（携帯電話用装置、自動車電話用装置その他の無線通話装置を用いて電気通信役務を提供する事業を除きます。）を営む者で一定のものがその電気通信事業の用に供する施設で一定のもの
㉙	民間事業者による信書の送達に関する法律に規定する一般信書便事業者がその本来の事業の用に供する施設で一定のもの
㉚	日本郵便株式会社が日本郵便株式会社法第4条第1項第1号及び第6号に掲げる業務並びにこれらに附帯する業務の用に供する施設で一定のもの
㉛	勤労者の福利厚生施設で一定のもの（従業者の福利又は厚生のために設置される美容室、理髪室、喫茶室、食堂、娯楽教養室等が該当します。）
㉜	駐車場法に規定する路外駐車場で一定のもの
㉝	道路交通法に規定する原動機付自転車又は自転車の駐車のための施設で都市計画法に掲げる駐車場として都市計画に定められたもの
㉞	東日本高速道路株式会社、首都高速道路株式会社、中日本高速道路株式会社、西日本高速道路株式会社、阪神高速道路株式会社又は本州四国連絡高速道路株式会社が、高速道路株式会社法に規定する一定の事業の用に供する施設で一定のもの

② **資産割又は従業者割が非課税とされるもの**

次の（イ）の事業所床面積に対しては資産割が、（ロ）の従業者給与総額に対しては従業者割が非課税とされています（地法701の34④、⑤）。

(イ)百貨店、旅館その他の消防法に規定する防火対象物で多数の者が出入りするものに設置される消防用設備で一定のもの（以下「消防用設備等」といいます。）及び特殊消防設備等並びにその防火対象物に設置される建築基準法に規定する避難施設等の一定の防災に関する施設又は設備（消防用設備等及び特殊消防設備等を除きます。）のうち一定の部分に係る事業所床面積

(ロ)港湾運送事業法に規定する港湾運送事業者がその本来の事業の用

に供する施設で一定のものに係る従業者給与総額

4 課税標準

(1) 資産割の課税標準

① 事業所床面積

資産割の課税標準は、事業所床面積とされており、課税標準の算定期間の末日現在の事業所床面積となります（地法701の40）。

ただし、その課税標準の算定期間の月数が12月に満たない場合には、次によることとされています。

資産割の課税標準＝事業所床面積÷12×その算定期間の月数

② 課税標準の算定期間の中途において開廃された事業所等に係る事業所床面積の算定

課税標準の算定の中途において開廃された事業所等において行う事業に対して課する資産割の課税標準となる事業所床面積は、①にかかわらず、一定の方式で算定した面積とされています（地法701の40②）。

(2) 従業者割の課税標準

① 従業者給与総額

従業者割の課税標準は、従業者給与総額とされており、課税標準の算定期間中に支払われた従業者給与総額となります（地法701の40①）。

② 従業者割の対象とならない従業者

従業者とは、給与等の支払を受けるべき者をいい、役員も含まれますが、次に掲げる者は、従業者に含まれないものとされている（地法701の31①五、地令56の17）ため、これらの者に支払われた又は支払われるべき給与等は従業者割の課税対象となりません。

なお、次の者に該当するかどうかの判定は、その者に対して給与等が支払われる時の現況によります。

(イ)次に掲げる障害者（役員を除きます。）

　イ．精神上の障害により事理を弁識する能力を欠く常況にある者又は児童相談所、知的障害者更生相談所、精神保健福祉センター、障害者職業センター若しくは精神保健指定医の判定により知的障害者とされた者

　ロ．精神保健及び精神障害者福祉に関する法律第45条第2項の規定により精神障害者保健福祉手帳の交付を受けている者

　ハ．身体障害者福祉法第15条第4項の規定により交付を受けた身体障害者手帳に身体上の障害がある者として記載されている者

　ニ．戦傷病者特別援護法第4条の規定により戦傷病者手帳の交付を受けている者

　ホ．原子爆弾被爆者に対する援護に関する法律第11条第1項の規定による厚生労働大臣の認定を受けている者

　ヘ．常に就床を要し、複雑な介護を要する者

　ト．精神又は身体上に障害のある年齢65歳以上の者で、その障害の程度がイ又はハに掲げる者に準ずるものとして市区町村（社会福祉法に定める福祉に関する事務所が老人福祉法第5条の4第2項各号に掲げる業務を行っている場合には、その福祉に関する事務所の長）の認定を受けている者

(ロ)年齢65歳以上の者（役員を除きます。）

　なお、平成17年度の税制改正により、その年齢が「60歳」から「65歳」に引き上げられましたが、その引上げにあたっては、次のような経過措置が講じられています（平成17年改正地法附則9③〜⑤）。

　イ．平成18年4月1日以後開始する法人の事業年度又は個人の年分……62歳

　ロ．平成19年4月1日以後開始する法人の事業年度又は個人の年

分……63歳
　ハ．平成22年4月1日以後開始する法人の事業年度又は個人の年
　　　分……64歳
　ニ．平成25年4月1日以後開始する法人の事業年度又は個人の年
　　　分……65歳

③　**雇用改善助成対象者に係る従業者給与総額の算定の特例**

　　年齢55歳以上65歳未満の者のうち雇用改善助成対象者に係る従業者給与総額の算定については、特別措置が講じられています（地法701の31①五、地令56の17の2、地規24の2）。

(3) 課税標準の算定上の特例

次の課税標準の算定上の特例があります。

①　事業所等が指定都市等とその他の市町村とにわたって所在する場合等における課税標準の算定（地令56の50）。

②　共同事業者等に係る事業所税の課税標準の算定（地令56の51）。

(4) 適用期限が定められていない課税標準の特例

　法人税法第2条第7号の協同組合等がその本来の業務の用に供する施設などについては、その事業所等において行う事業に対して課する資産割又は従業者割の課税標準となるべき事業所床面積又は従業者給与総額の算定にあたって、課税標準の特例措置が講じられており、その施設に係る事業所等の事業所床面積又は従業者給与総額からその施設に係る事業所床面積又は従業者給与総額に一定の割合を乗じた面積又は金額が控除されます（地法701の41①、②）。

(5) 適用期限が定められている課税標準の特例

　沖縄振興特別措置法に規定する提出観光地形成促進計画において定められた観光地形成促進地域において設置される特定民間観光関連施設などの一定の施設については、適用期限が定められて課税標準の特例措置が講じ

られており、これらの施設の事業所等に係る事業所床面積からその施設に係る事業所床面積に一定の割合を乗じた面積が控除されます（地法附則33）。

5 税率及び免税点

(1) 税率

　事業所税の税率は、一定税率^(*)とされており、次のとおりです（地法701の42）。

① **資産割**

　事業所床面積1平方メートルにつき600円

② **従業者割**

　従業者給与総額の100分の0.25

（*）地方団体が課税する場合にこれ以外の税率によることができないものとして法定されている税率をいいます。

(2) 免税点

① **免税点の内容**

　　事業所税においては、免税点制度が設けられており、次の免税点以下の場合は、事業所税は課税されません（地法701の43）。

（イ）資産割

　　指定都市等の区域内の各事業所等に係る事業所床面積の合計面積（非課税部分を除きます。）が1,000平方メートル

（ロ）従業者割

　　指定都市等の区域内の各事業所等の従業者の数（非課税に係る者を除きます。）の合計数が100人

② 事業所等が指定都市等とその他の市町村とにわたって所在する場合等における免税点の特例

　事業所等が一の指定都市等の区域とその他の市町村の区域とにわたって所在する場合において、その指定都市等が課する事業所税について免税点の特例があります（地令56の74）。

③ 共同事業者に係る免税点の特例

（イ）（ロ）以外の共同事業の場合

　共同事業（（ロ）に該当する共同事業を除きます。）を行う者は、その共同事業のうちその共同事業に係るその者の損益分配の割合に応ずるものを単独で行うものとみなして、その事業所等に係る事業所床面積又は従業者の数を算定し、その数値によって免税点の判定をします（地令56の75①）。

（ロ）特殊関係者との共同事業とみなされる事業の場合

　事業所等において行う事業が特殊関係者を有する者と特殊関係者との共同事業とみなされる事業である場合の各共同事業者の行う事業に係る免税点の判定は、その者は、その共同事業とみなされる事業を単独で行うものとみなして行うこととされています（地令56の75②）。

④ 企業組合等に係る免税点の特例

　企業組合等については、一定の免税点の特例措置が設けられています（地法701の43②）。

6 申告納付

　事業所税の徴収は、次に掲げる法人、個人の区分に応じ、それぞれに掲げる申告納付の方法によります（地法701の46、701の47）。

　なお、指定都市等の長は、各事業年度及び個人に係る課税期間について

納付すべき事業所税がない者に、その指定都市等の条例により、申告書を提出させることができることとされています（地法701の46③、701の47③）。

(1) 法人の行う事業に対して課される事業所税

各事業年度終了の日から2月以内に、その各事業年度に係る事業所税の課税標準額及び税額その他必要な事項を記載した申告書（総務省令第44号様式）をその事業所等所在の指定都市等の長に提出し、その申告した税額をその指定都市等に納付しなければなりません。

ただし、外国法人が納税管理人を定めないでこの法律の施行地に事業所等を有しないこととなる場合には、その事業年度終了の日から2月を経過した日の前日とその事業所等を有しないこととなる日とのいずれか早い日までに申告納付しなければなりません。

(2) 個人の行う事業に対して課される事業所税

その年の翌年3月15日までに、個人に係る課税期間の事業所税の課税標準額及び税額その他必要な事項を記載した申告書（総務省令第44号様式）をその事業所等所在の指定都市等の長に提出し、その申告した税額をその指定都市等に納付しなければなりません。

ただし、年の中途においての事業を廃止した場合には、その事業の廃止の日から1月以内に申告納付しなければなりません。

7 事業所税の使途

事業所税は、指定都市等が都市環境の整備等に要する費用に充てるために課税するものですから、その事業所税額（徴税費相当額（5％）を控除した残額）を、一定の事業に要する費用に充てなければならないとされています（地法701の73、地令56の82、地規24の28）。

6　鉱区税

　鉱区税は、鉱区所在の都道府県が、鉱区を課税客体とし、鉱区の面積を課税標準として、鉱業権者に課される都道府県税です（地法2章9節、地法附則13）。

　鉱区税の課税要件等は、次のとおりです。

1 課税客体

　鉱区（その鉱業権$^{(*)}$の行使が認められる地域として、鉱業原簿に登録されたものをいいます。）

（＊）鉱業権とは、地下に埋蔵されている鉱物を掘採する権利をいいます。

2 納税義務者

　鉱業権を有する者（鉱業法第20条又は第42条の規定により試掘権が存続するものとみなされる期間において試掘することができる者を含みます。）

3 課税団体

　鉱区所在の都道府県

4 課税標準

　鉱区の面積（砂鉱区のうち河床に存するものは河床の延長）

5 税率

税率は一定税率であり、次に定める額とされています。

(1) 砂鉱を目的としない鉱業権の鉱区

① 試掘鉱区 ⇒ 面積100アールごとに年額200円

② 採掘鉱区 ⇒ 面積100アールごとに年額400円

(2) 砂鉱を目的とする鉱業権の鉱区

⇒ 面積100アールごとに年額200円

ただし、砂鉱区のうち河床に存するものでそれが延長で表示されているもの（地法附則13）

⇒ 延長1,000メートルごとに年額600円

(3) 石油又は可燃性天然ガスを目的とする鉱業権の鉱区

⇒ (1)に掲げる税率の3分の2

6 賦課期日

賦課期日は4月1日です。

賦課期日後に納税義務が発生した者には、その発生した月の翌月から、月割をもって鉱区税が課されます。また、賦課期日後に納税義務が消滅した者には、その消滅した月まで、月割をもって鉱区税が課されます。

なお、賦課期日後にその課税客体である鉱区の承継があった場合においては、前の納税義務者の納税をもって後の納税義務者の納税とみなされ、月割課税は行われません。

7 徴収の方法

普通徴収の方法により徴収されます。

8 納期

納期は、5月中において、その都道府県の条例で定める日です。

7 鉱産税

　鉱産税は、鉱物の掘採の事業に対し、その事業の作業場所在の市町村又は特別区（以下「市区町村」といいます。）が、その鉱業者に課する市町村税です（地法3章6節）。

　この鉱産税は、鉱物の掘採事業に対し鉱物の価格を課税標準として課されていることから、鉱物の掘採事業に対する一種の外形標準課税といえます。

　鉱産税の課税要件等は、次のとおりです。

1 課税客体

鉱物の掘採事業

2 納税義務者

鉱業者[*]

（*）鉱業者とは、鉱業法上の鉱業権（試掘権及び採掘権をいいます。）を有する者をいいます。なお、租鉱権により他人の鉱区において鉱業権の目的となっている鉱物を採掘する者もこれに含まれます。

3 課税団体

鉱物の掘採の事業の作業場所在の市区町村

4 課税標準

鉱物の価格（山元の価格）

5 税率

標準税率　⇒　1％

制限税率　⇒　1.2％

ただし、鉱物の掘採の事業の作業場において、毎月1日から末日までの間に掘採された鉱物の価格が、その作業場所在の市区町村ごとに200万円以下である場合においては、その期間に係る鉱産税の標準税率は0.7％（制限税率は0.9％）とされています。

6 徴収の方法等

(1) 申告納付の方法により徴収されます。
(2) 納税者は、毎月1日から末日までの間における課税標準額、税額その他その市区町村の条例で定める事項を記載した申告書を納期限までに市区町村長に提出し、その申告した税額を納付しなければなりません。

7 納期

納期は、毎月10日から末日までの間において、その市区町村の条例で定める日です。

8 水利地益税（都道府県民税）

　水利地益税は、都道府県が、水利に関する事業、都市計画法に基づいて行う事業、林道に関する事業その他土地又は山林の利益となるべき事業の実施に要する費用に充てるため、その事業により特に利益を受ける土地又は家屋の所有者等に対して課される目的税です。

　都道府県が水利地益税を課するか否かは、その都道府県の自主的判断（条例事項）に委ねられており、この水利地益税の課税要件等は、次のとおりです（地法4章7節）。

1 課税客体

その事業により特に利益を受ける土地又は家屋

2 納税義務者

その事業により特に利益を受ける土地又は家屋の所有者等

3 課税団体

その事業を行う都道府県

4 課税標準

その土地又は家屋の価格又は面積

5 課税限度額

水利地益税の課税額（数年にわたって課する場合においては、各年の課税額の総額）は、その土地又は家屋がその事業により特に受ける利益の限度を超えることができません。

6 税率等

水利地益税の具体的な納税義務者、税率、納期及び徴収の方法は、都道府県の条例で定めるところによります。

9 水利地益税（市区町村民税）

　水利地益税は、市町村又は特別区（以下「市区町村」といいます。）が、水利に関する事業、都市計画法に基づいて行う事業、林道に関する事業その他土地又は山林の利益となるべき事業の実施に要する費用に充てるため、その事業により特に利益を受ける土地又は家屋の所有者等に対して課される目的税です。

　市区町村が水利地益税を課するか否かは、その市区町村の自主的判断（条例事項）に委ねられており、この水利地益税の課税要件等は、次のとおりです（地法4章7節）。

1 課税客体

　その事業により特に利益を受ける土地又は家屋

2 納税義務者

　その事業により特に利益を受ける土地又は家屋の所有者等

3 課税団体

　その事業を行う市区町村

4 課税標準

　その土地又は家屋の価格又は面積

5 課税限度額

　水利地益税の課税額(数年にわたって課する場合においては、各年の課税額の総額)は、その土地又は家屋がその事業により特に受ける利益の限度を超えることができません。

6 税率等

　水利地益税の具体的な納税義務者、税率、納期及び徴収の方法は、市区町村の条例で定めるところによります。

10 共同施設税

　共同施設税は、市区町村が、共同作業場、共同倉庫、共同集荷場、汚物処理施設その他これらに類する施設に要する費用に充てるため、その施設により特に利益を受ける者に対して課される目的税です。

　市区町村が共同施設税を課するか否かは、その市区町村の自主的判断（条例事項）に委ねられており、この共同施設税の課税要件等は、次のとおりです（地法4章7節）。

1 納税義務者

　その施設により特に利益を受ける者

2 課税団体

　その共同施設等を設置する市区町村

3 課税限度額

　水共同施設税の課税額は、その納税者がその施設により受ける利益の限度を超えることができません。

4 税率等

　水共同施設税の課税客体、課税標準、税率、納期及び徴収の方法は、その市区町村の条例で定めるところによります。

11 宅地開発税

　宅地開発税は、宅地開発に伴い公共施設の整備を行う市区町村が、宅地開発に伴い必要となる一定の公共施設の整備に要する費用に充てるため、権原に基づいて宅地開発を行う者に対して課される目的税です。

　市区町村が宅地開発税を課するか否かは、その市区町村の自主的判断（条例事項）に委ねられており、この宅地開発税の課税要件等は、次のとおりです（地法4章7節）。

1 課税客体

　都市計画法第7条第1項に規定する市街化区域内において公共施設の整備が必要とされる地域としてその市区町村の条例で定める区域内で行われる宅地開発

2 納税義務者

　その区域内で、所有権等の権原に基づいて宅地開発を行う者

3 課税団体

　宅地開発に伴い公共施設の整備を行う市区町村

4 課税標準

　宅地開発に係る面積

5 税率

　宅地開発に伴い必要となる公共施設の整備に要する費用、その公共施設による受益の状況等を参酌して、その市区町村の条例で定めることとされています。

6 免除等

　宅地開発税の納税義務者が宅地開発に伴い必要とされる公共施設又はその用に供される土地を市区町村に無償で譲渡する等の場合には、宅地開発税を免除し、また、そのような公共施設を無償で譲渡する旨の申し出があったときは、徴収猶予することができます。

第4章

不動産と税金

1 不動産取得税

1 概要

不動産取得税は、不動産の取得に対し、不動産を取得した時における不動産の価格を課税標準として、その不動産所在の都道府県において、その不動産の取得者に課される都道府県民税です。

なお、不動産取得税の税額の計算過程を図示すると次のようになります。

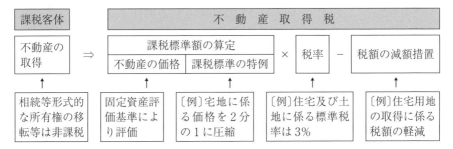

2 課税客体

不動産取得税の課税客体は、不動産の取得とされています（地法73の2①）。

(1) 課税対象となる不動産

不動産とは、土地及び家屋を総称したものです（地法73一）。

① 土地

土地とは、田、畑、宅地、塩田、鉱泉地、池沼、山林、牧場、原野その他の土地をいい（地法73二）、この土地には立木その他土地の定

着物（石垣、溝渠、沓脱石等）は含まれないものとされています（取扱通知（県）5章2(1)）。

② **家屋**

家屋とは、住宅、店舗、工場、倉庫その他の建物をいいます（地法73三）。

(イ)家屋の範囲

家屋の範囲は、固定資産税にいう家屋又は不動産登記法上の建物の意義（不動産登記規則111）と同一であるとされており、屋根及び周壁を有し、土地に定着した建造物であって、目的とする用途に供し得る状態にあるものとされています（取扱通知（県）5章2(2)）。

これは、土地に定着して建造され、屋根及び周壁又はこれらに類するものを有し、独立して風雨を凌ぎ得る外界から遮断された一定の空間を有する建造物であり、その目的とする居住、作業、貯蔵等の用に供し得る状態にあるものと解されます。

(ロ)附帯設備と家屋

電気設備、運搬設備等家屋と一体となって効用を果たす設備については、総務大臣が告示した固定資産評価基準の取扱いによって家屋に含まれるものであるか否かを判定することとされています（取扱通知（県）5章2(2)ア）。

(ハ)構築物と家屋

土地の定着物であっても、いわゆる構築物は家屋ではありませんが、家屋であるか構築物であるかの判定は、その構造、用途等を総合的に判断して行うこととされています（(取扱通知(県)5章2(2)イ)。

(2) 不動産の取得

① **不動産の取得の意義**

不動産取得税の課税客体である不動産の取得とは、不動産の所有権

の取得（共有不動産においては、共有持分の取得）をいいます。

　この場合、不動産の取得とは、有償か無償かを問わず、また、その原因が売買、交換、贈与、寄附、法人に対する現物出資、建築（新築・増築・改築）、公有水面の埋立、干拓による土地の造成等原始取得、承継取得の別を問いません。

　ただし、法人が組織変更し、又は人格なき社団が法人格を取得した場合には、不動産について実質的な所有権の移転があったものとは認められないことから、課税対象とはなりません。

② **不動産登記と不動産の取得**

　不動産取引においては、不動産登記が目的物の引渡しと同様に重要視されています。我が国の民法は、物権の変動について意思主義を採っており、不動産登記は、公信力がなくその物権を第三者に対抗するための対抗要件に過ぎないことから、不動産登記の有無は、不動産の取得とは関係しません。

　しかし、所有権の保存登記又は移転登記が行われれば、登記簿上所有者とされている者が実体上真実の所有権の取得者と推定されることから、課税実務上においては、不動産登記は、不動産の取得という課税実体を捕捉する手段として最も簡便かつ有効な手段であり、これを手がかりとして、不動産取得税の課税が行われています。

③ **共有と不動産の取得**

　共有持分は一種の所有権であることから、不動産の共有持分の取得も、不動産取得税の課税対象となります。

　また、共有物の分割は、交換又は売買とその実質を同じくするものであることから、共有物の分割による不動産の取得は、不動産取得税の課税対象となります。ただし、共有不動産の分割という特殊性を考慮してその不動産の取得者の分割前のその共有物に係る持分の割合を

超える部分の取得についてのみ課税対象とすることとされています（地法73の7二の三）。

④ **意思表示の瑕疵と不動産の取得**

(イ) 意思表示が無効の場合

　　虚偽表示による意思表示及び要素の錯誤による意思表示は無効とされている（民法94、95）ことから、この場合、不動産の移転行為そのものがなかったものとなり、不動産の取得ということも起こり得ませんので、不動産取得税の課税関係は生じません。

(ロ) 意思表示が取り消された場合

　　意思表示に何らかの瑕疵があったことにより意思表示が取り消された場合、不動産取得税の課税関係は、次のようになります。

区分	不動産取得税の課税関係
意思表示の瑕疵により取り消された場合	無能力者が行った意思表示及び詐欺又は脅迫によってなされた意思表示が取り消された場合には、その意思表示は最初から効力がなかったものとみなされる（民法121）ことから、取り消された後の効果は、無効の場合と同様となり、不動産取得税の課税関係は生じません。
瑕疵ある意思表示に追認が行われた場合	瑕疵ある意思表示について、追認（民法122）が行われ、または法定追認（民法125）事由が生じると、その瑕疵ある意思表示は最初から有効であったものとみなされることから、その意思表示に基づく不動産の取得に対しては、不動産取得税の課税関係が生じます。
特別な取消権により取り消された場合	法律上特に取消権が認められている場合(*)においては、意思表示の瑕疵なく一旦は完全に譲渡、贈与等の法律行為により不動産の所有権が移転していることから、不動産取得税の課税関係が生じます。 (*)詐害行為取消権（民法424）、書面によらない贈与の取消し（民法550条）、夫婦間の契約の取消し（民法754）等によって取り消された場合 なお、その契約の取消しの効果として従前の所有者にその不動産の所有権が復帰するときは、本来の所有権が確

| | 認されるに過ぎないこと等を考慮して、課税対象にはならないこととする取扱いが適当であると考えられます。 |

⑤ 契約の解除と不動産の取得

（イ）契約解除の種類

契約の解除には、次の３つがあります。

イ．法定解除

民法に契約の解除事由として定められている解除です。例えば、履行遅滞による解除（民法541）や履行不能による解除（民法543）がこれに該当します。

ロ．約定解除

当事者の一方又は双方が当初の契約の中で解除権を留保した場合の解除です。例えば、売買契約による買戻特約（民法579）等がこれに該当します。

ハ．合意解除

契約の当事者が本来の契約とは別にその契約を解除するための契約を締結する場合がこれに該当します。解除契約ともいいます。

（ロ）契約解除と不動産取得税

不動産の売買契約は、解除権が行使されるまでの間は完全に有効に成立していることから、たとえ契約の解除がなされたからといっても、買主は一時的とはいえその不動産の所有権を取得していることになりますので、解除された契約に基づく当初の不動産の取得に対しては、不動産取得税が課されることになります。

(3) 不動産の取得の時期

不動産の取得の時期は、契約内容その他から総合的に判断して現実に所有権を取得したものと認められるときによるものであり、所有権の取得に関する登記の有無は問わないものとされています（取扱通知（県）5章3(3)）。

3 納税義務者

　不動産取得税の納税義務者は、不動産の取得者とされており（地法73の2）、個人か法人かを問いません。

(1) 不動産の取得者

　不動産の取得者とは、不動産の所有権を取得した者をいいます。また、共有も所有の一形態であり、共有持分は共有者の1人1人が目的物の上に有する所有権であることから、共有持分の取得者も不動産取得税の納税義務者となります。

(2) 家屋が新築された場合の納税義務者

　家屋が新築された場合における家屋の完成時（取得の時期）についての紛争及び家屋が請負契約に基づいて新築された場合における所有権の帰属をめぐる課税の混乱を避けるという課税技術上の理由等から、家屋が新築された場合（次の(3)に該当する場合を除きます。）には、その家屋が最初に使用された日にその家屋の原始取得があったものとみなし、その家屋の所有者を取得者とみなして、これに対して不動産取得税が課されます。また、その家屋が使用されることなく他人に譲渡された場合には、その譲渡された日にその家屋の原始取得があったものとみなし、その家屋の譲受人を取得者とみなして、これに対して不動産取得税が課されます（地法73の2②）。

　ただし、家屋が新築された日から6ヶ月[*]を経過して、なお、その家屋について最初の使用又は譲渡が行われない場合には、その家屋が新築された日からその期間（「6月」又は「1年」）が経過した日にその家屋の原始取得があったものとみなし、その家屋の所有者を取得者とみなして、これに対して不動産取得税が課されます（地法73の2②ただし書、地法附則10の2①（(3)においても同じです））。

（*）宅地建物取引業者等が一定の期間内に売り渡す新築住宅については、「6月」

を「1年」とする特例措置が講じられています。

(3) 宅地建物取引業者等が請負契約に基づいて家屋を新築した場合の特例

　宅地建物取引業者等一定のものが注文者でその注文者が請負契約に基づいて家屋を新築した場合には、これらの注文者が他に譲渡するために家屋を建築するというこれらの注文者の地位の特殊性等を考慮して、請負人から注文者に対する譲渡後最初の使用又は譲渡が行われた日において家屋の取得がなされたものとみなし、その家屋の所有者又は譲受人を取得者とみなして、これに対して不動産取得税が課されます（地法73の2②かっこ書）。

(4) 家屋の新築、増築及び移築が行われた場合の課税の取扱い

　家屋の取得原因とされる建築には新築のほかに増築及び改築があり、また、新築の特殊な形態として移築があります。

　これらに対する不動産取得税の課税は次のとおりです。

① **増築及び改築**

　　家屋の増築が行われた場合には、その増加した部分の取得があったものとして、その増加した部分の価格を課税標準として、不動産取得税が課されます。

　　また、家屋を改築したことによりその家屋の価格が増加した場合には、その改築をもって家屋の取得とみなし、その改築により増加した部分の価格を課税標準として、不動産取得税が課されます（地法73の2③）。

② **移築及び移設**

　　(イ)家屋を解体して、これを材料として他の場所に同一の構造で再建するいわゆる移築は、新築に該当しますが、負担の均衡上改築の場合に準じて、その移築により増加した価格を課税標準として課税することが適当であるとされています（取扱通知(県)5章2(5)）。

　　(ロ)家屋を解体せず、原型のまま他の場所に移転させる移設について

は、移設の特殊性に鑑み、それが増築又は改築に該当する部分を除き、不動産取得税の課税対象としない取扱いになっています（取扱通知（県）5章2（5））。

(5) 区分所有建物に係る課税の特例

① 専有部分の取得があった場合

建物の区分所有等に関する法律第2条第3項の専有部分の取得があった場合には、その区分所有に係る専有部分の各部分を個別に評価することが著しく困難であり、また、専有部分の取得と共用部分の取得は相伴うものであることから、一定の算式により求めた額に相当する価格の家屋の取得があったものとみなして、不動産取得税が課されます（地法73の2④）。

② 共用部分のみの建築があった場合

建物の区分所有等に関する法律第2条第4項の共用部分のみの建築があった場合には、区分所有者が、一定の算式によって得た額に相当する価格の家屋の取得があったものとみなして、不動産取得税が課されます（地法73の2⑤）ので、その建築に係る共用部分を管理者等が所有する場合であっても、各区分所有者に不動産取得税が課されることになります。

(6) 主体構造部と附帯設備の取得者が異なる場合の課税の特例

家屋が移築された場合、その家屋の主体構造部と一体となって家屋としての効用を果たしている附帯設備の取得者が主体構造部の取得者と異なるときは、主体構造部の取得者が附帯設備もあわせて取得したものとみなして不動産取得税が課される場合があります（地法73の2⑥）。

(7) 土地区画整理事業等に係る土地の仮換地等に係る課税の特例

① 仮換地等の取得

土地区画整理事業等に伴い仮換地又は一時利用地の指定があった場

合、みなし（適用）要件に該当するときは、不動産取得税が課されます（地法73の2⑩）。

② **保留地予定地等の取得**

土地区画整理事業等に伴い保留地予定地等がある場合、みなし（適用）要件に該当するときは、不動産取得税が課されます（地法73の2⑪、地令36の2の3）。

4 非課税及び納税義務の免除

(1) 非課税措置

不動産取得税は、不動産の取得に対し、その不動産の取得者に課税されるものであり、不動産を取得した事実が存する以上、そこに担税力が見出され課税されるのが原則です。

しかし、不動産取得税においては、さまざまな理由から課税の特例が設けられており、その一つとして非課税措置があります。

この非課税措置には、その不動産を取得した者の地位等による非課税、その不動産が供される用途による非課税、その不動産が取得された事情を考慮した非課税、その不動産の所有権の移転が形式的なものに過ぎない場合の非課税に分類することができますが、その非課税措置の内容は、次のとおりです。

① **国等に対する非課税**

次の(イ)に掲げる者の不動産についてはその取得者の公的地位を、また、次の(ロ)に掲げる不動産についてはその不動産の性質等を考慮して、不動産取得税が非課税とされています（地法73の3）。

(イ)国、非課税独立行政法人、国立大学法人等及び日本年金機構並びに都道府県、市町村、特別区、地方公共団体の組合、財産区、合併特例区及び地方独立行政法人

(ロ)皇室経済法第7条に規定する皇位とともに伝わるべき由緒ある物である不動産

② **用途による非課税**

次に掲げる者がそれぞれ次に掲げる不動産として使用するために取得した場合においては、その不動産が公益を目的とする用途に供されること等を考慮して、その不動産の取得に対しては、不動産取得税が非課税とされています（地法73の4）。

①	独立行政法人郵便貯金・簡易生命保険管理機構、独立行政法人水資源機構、独立行政法人鉄道建設・運輸施設整備支援機構、日本放送協会、土地改良区、土地改良区連合、国立研究開発法人日本原子力研究開発機構、国立研究開発法人理化学研究所及び国立研究開発法人量子科学技術研究開発機構が直接その本来の事業に供する不動産で一定のもの
②	宗教法人が専らその本来の用に供する宗教法人法に規定する境内建物及び境内地（旧宗教法人令の規定による宗教法人のこれに相当する建物及び土地を含みます。）
③	学校法人又は私立学校法第64条第4項の法人（以下「学校法人等」といいます。）がその設置する学校において直接保育若しくは教育の用に供する不動産又は学校法人等がその設置する寄宿舎で学校教育法に規定する学校若しくは専修学校に係るものにおいて直接その用に供する不動産
④	公益社団法人若しくは公益財団法人、宗教法人又は社会福祉法人がその設置する幼稚園において直接保育の用に供する不動産
⑤	公益社団法人若しくは公益財団法人で職業能力開発促進法第24条の規定による認定職業訓練を行うことを目的とするもの又は職業訓練法人で一定のもの若しくは都道府県職業能力開発協会がその職業訓練施設において直接職業訓練の用に供する不動産
⑥	公益社団法人若しくは公益財団法人がその設置する図書館において直接その用に供する不動産
⑦	公益社団法人若しくは公益財団法人又は宗教法人がその設置する博物館法に規定する博物館において直接その用に供する不動産

⑧	医療法第31条の公的医療機関の開設者、医療法第42条の2第1項に規定する社会医療法人及び特定医療法人（租税特別措置法第67条の2第1項の承認を受けているものをいいます。）、公益社団法人及び公益財団法人、一般社団法人及び一般財団法人（非営利法人に該当するものに限ります。）、社会福祉法人、健康保険組合及び健康保険組合連合会並びに国家公務員共済組合及び国家公務員共済組合連合会がその設置する看護師、准看護士、歯科衛生士、歯科技工士、助産師、臨床検査技師、理学療法士及び作業療法士の養成所において直接教育の用に供する不動産
⑨	社会福祉法人（日本赤十字社を含みます。）が生活保護法に規定する保護施設の用に供する不動産で一定のもの
⑩	社会福祉法人その他児童福祉法に規定する小規模保育事業の認可を得た者が児童福祉法に規定する小規模保育事業の用に供する不動産
⑪	社会福祉法人その他公益社団法人又は公益財団法人等政令で定める者が児童福祉法に規定する児童福祉施設の用に供する不動産で一定のもの
⑫	学校法人、社会福祉法人その他就学前の子どもに関する教育、保育等の総合的な提供の推進に関する法律第3条第1項若しくは第3項の認定又は同法第17条第1項の設置の認定を受けた者が同法に規定する認定こども園の用に供する不動産
⑬	社会福祉法人その他公益社団法人又は公益財団法人等政令で定める者が老人福祉法に規定する老人福祉施設の用に供する不動産で一定のもの
⑭	社会福祉法人が障害者の日常生活及び社会生活を総合的に支援するための法律に規定する障害者支援施設の用に供する不動産
⑮	⑨から⑭までに掲げる不動産のほか、社会福祉法人その他公益社団法人又は公益財団法人等政令で定める者が社会福祉事業の用に供する不動産で一定のもの
⑯	更生保護法人が更生保護事業法に規定する更生保護事業の用に供する不動産で一定のもの
⑰	介護保険法の規定により市町村から委託を受けた者が同法に規定する包括支援事業の用に供する不動産
⑱	児童福祉法の規定により市町村の認可を得た者が同法に規定する事業所内保育事業（利用定員が6人以上であるものに限ります。）の用に供する不動産

⑲	⑧から⑮までに掲げる不動産のほか、日本赤十字社が直接その本来の事業の用に供する不動産で一定のもの
⑳	公益社団法人又は公益財団法人で学術の研究を目的とするものがその目的のため直接その研究の用に供する不動産
㉑	健康保険組合、健康保険組合連合会、国民健康保険組合、国民健康保険団体連合会、日本私立学校振興・共済事業団並びに国家公務員共済組合法、地方公務員等共済組合法、農業協同組合法、消費生活協同組合法、水産業協同組合法による組合及び連合会が経営する病院及び診療所の用に供する不動産で一定のもの
㉒	医療法第42条の2第1項に規定する社会医療法人が直接救急医療等確保事業に係る業務の用に供する不動産で一定のもの
㉓	農業共済組合及び農業共済組合連合会が経営する家畜診療所の用に供する不動産並びにこれらの組合及び連合会が直接農業災害補償法の規定による損害の額の認定の用に供する不動産
㉔	独立行政法人都市再生機構が取得する不動産で次に掲げるもの (イ)独立行政法人都市再生機構法第11条第1項第1号から第3号まで、第7号又は第15号イに規定する業務の用に供する土地で一定のもの (ロ)同法第11条第1項第1号から第3号までに規定する業務を行う場合における敷地の整備若しくは宅地の造成又は同条第1項第13号又は第16号の賃貸住宅の建設と併せて建設する家屋で国又は地方公共団体が公用又は公用の用に供するもので一定のもの
㉕	地方住宅供給公社が取得する次に掲げる不動産 (イ)地方住宅供給公社法第21条第1項又は第3項第2号若しくは第4号に規定する業務の用に供する土地 (ロ)同法第21条第3項第1号の住宅の建設又は同項第2号の宅地の取得若しくは造成と併せ、同項第6号に規定する業務として土地又は家屋で国又は地方公共団体が公用又は公用の用に供するものを取得し、若しくは造成し、又は建設する場合におけるその土地及び家屋
㉖	独立行政法人中小企業基盤整備機構が独立行政法人中小企業基盤整備機構法に規定する業務の用に供する不動産で一定のもの、中小市街地の活性化に関する法律に規定する一定の業務の用に供する土地及び中小企業等経営強化法に規定する一定の業務の用に供する土地

㉗	成田国際空港株式会社が成田国際空港株式会社法に規定する一定の事業の用に供する不動産で一定のもの
㉘	新関西国際空港株式会社が関西国際空港及び大阪国際空港の一体的かつ効率的な設置及び管理に関する法律に規定する一定の事業の用に供する不動産で一定のもの及び同法に規定する指定会社が同法に規定する一定の事業の用に供する不動産で一定のもの
㉙	中部国際空港の設置及び管理に関する法律第4条第2項に規定する指定会社が同法に規定する一定の事業の用に供する不動産で一定のもの
㉚	日本下水道事業団が日本下水道事業団法に規定する一定の業務の用に供する不動産で一定のもの
㉛	商工会議所又は日本商工会議所が商工会議所法に規定する一定の事業の用に供する不動産及び商工会又は都道府県商工会連合会若しくは全国商工会連合会が商工会法に規定する一定の事業の用に供する不動産で、一定のもの
㉜	日本司法支援センターが総合法律支援法に規定する一定の業務の用に供する不動産で一定のもの
㉝	全国新幹線鉄道整備法の規定に基づき国土交通大臣から指名された中央新幹線の建設主体が同法の整備計画に基づき取得する中央新幹線の事業の用に供する不動産
㉞	次に掲げる独立行政法人及び国立研究開発法人が一定の業務等の用に供する不動産で一定のもの 独立行政法人国立重度知的障害者総合施設のぞみの園、独立行政法人自動車事故対策機構、独立行政法人労働者健康安全機構、独立行政法人日本芸術文化振興会、独立行政法人日本スポーツ振興センター、独立行政法人高齢・障害・求職者雇用支援機構、国立研究開発法人科学技術振興機構、独立行政法人国際協力機構、国立研究開発法人宇宙航空研究開発機構、国立研究開発法人海洋研究開発機構、独立行政法人国民生活センター、独立行政法人日本学生支援機構、国立研究開発法人農業・食品産業技術総合研究機構、国立研究開発法人情報通信研究機構、国立研究開発法人森林研究・整備機構、国立研究開発法人医療基盤・健康・栄養研究所、国立研究開発法人水産研究・教育機構

③ **適用期限が定められている用途非課税**

　適用期限が定められている用途非課税として、非課税とされる不動産及び適用期限は次のとおりです（地法附則10）。

	非課税とされる不動産	適用期限
①	預金保険法に規定する協定銀行が協定の定めにより内閣総理大臣のあっせんを受けて行う破綻金融機関等の事業の譲受け又は預金保険機構の委託を受けて行う資産の買取りにより取得する不動産	平成31年3月31日までのあっせん又は委託の申出
②	鉄道事業者が新幹線の開業に伴い旅客会社等から譲渡により取得する並行在来線の鉄道施設の用に供する一定の不動産	平成35年3月31日までの取得
③	保険業法に規定する協定銀行が協定の定めにより保険契約者保護機構の委託を受けて行う破綻保険会社、協定承継保険会社又は清算保険会社の資産の買取りにより取得する不動産	平成31年3月31日までの委託の申出
④	東日本高速道路㈱、首都高速道路㈱、中日本高速道路㈱、西日本高速道路㈱、阪神高速道路㈱若しくは本州四国連絡高速道路㈱が、高速道路株式会社法に規定する一定の事業の用に供するために取得する不動産で一定のもの又は独立行政法人日本高速道路保有・債務返済機構が、独立行政法人日本高速道路保有・債務返済機構法に規定する一定の業務の用に供するために取得する不動産で一定のもの	平成38年3月31日までの取得
⑤	マンション建替え等の円滑化に関する法律に規定する施行者又はマンション敷地売却組合が、マンション立替事業又はマンション敷地売却事業により取得する要除却認定マンション及びその敷地	平成30年3月31日までの取得

④ **外国の政府に対する非課税**

　外国の政府が不動産を次に掲げる施設の用に供する不動産として使用するために取得した場合には、その不動産の取得に対しては、不動

産取得税が非課税とされています（地法73の4②）。

ただし、(ハ)に掲げる施設の用に供する不動産については、外国が不動産取得税に相当する税をその外国において日本国の(ハ)に掲げる施設の用に供する不動産の取得に対して課する場合には、非課税となりません。

(イ) 大使館、公使館又は領事館
(ロ) 専ら大使館、公使館若しくは領事館の長又は大使館若しくは公使館の職員の居住の用に供する施設
(ハ) 専ら領事館の職員の居住の用に供する施設

⑤ **公共用地の非課税**

公共の用に供する不動産の取得に対しては、その不動産が公共の用に供されること等を考慮し、不動産取得税が非課税とされています（地法73の4③）。

⑥ **取得の事情等を考慮した非課税**

土地開発公社が公有地の拡大の推進に関する法律に規定する業務の用に供する不動産で一定のものを取得した場合におけるその不動産の取得等に対しては、その取得の事情等を考慮し、不動産取得税が非課税とされています（地法73の5、73の6）。

⑦ **形式的な所有権の移転等の場合の非課税**

相続による不動産の取得等に対しては、その所有権の移転等が形式的なものであること等を考慮し、不動産取得税が非課税とされています（地法73の7）。

(2) 納税義務の免除及び徴収猶予

不動産取得税においては、非課税制度とは別に、非課税措置と類似の効果をもつ納税義務の免除制度が設けられています。

非課税の認定にあたっては、不動産の取得時において、その不動産の取

得が非課税要件を満たしているのかどうかが不明であったり、また、その非課税の判定が困難であったりします。この制度は、このような不動産の取得に対しては、いったん、不動産取得税の納税義務を発生させておき、一定期間内において非課税の要件を満たした場合において、その発生した納税義務を免除しようとするものです。

　納税義務を免除する場合においては、当初不動産取得税を課税した段階で画一的に徴収に着手することは、将来非課税となるべきものについて納税を強いることにもなり、他方、課税庁においてもその事務の煩瑣さを来すことにもなりますので、納税義務の免除に係る不動産取得税額については、徴収猶予を行うこととされています。

(3) 生前一括贈与により農地等を取得した場合における不動産取得税の徴収猶予

　生前一括贈与による農地等の取得に係る不動産取得税については、贈与税の納税猶予の例によって徴収が猶予されます（地法附則12、地令附則10、措法70の4）。

5 課税標準

　不動産取得税の課税標準は、不動産取得時における不動産の価格とされています（地法73の13①）。この不動産の価格は、適正な時価をいい、それは、固定資産税の課税標準とされる価格と同意義です。

　また、家屋の改築をもって家屋の取得とみなした場合に課される不動産取得税の課税標準は、その改築により増加した価格とされています（地法73の13②）。

(1) 不動産の価格の決定

　① 　固定資産課税台帳に固定資産の価格が登録されている不動産
　　　（イ）原則

都道府県知事が固定資産課税台帳に登録されているその価格により課税標準となるべき価格を決定します（地法73の21①本文）。

　なお、その台帳に固定資産の価格が登録されているか否かは、その不動産の取得があったときの状態で決定されます。

(ロ) 特則

　その不動産について、増築、改築、損壊、地目の変換その他特別の事情があることにより固定資産課税台帳に登録されている価格により難いとき（地法73の21①ただし書、取扱通知(県)5章20(1)）は、都道府県知事が総務大臣が定める固定資産評価基準及び修正基準によって評価して課税標準となるべき価格を決定します（地法73の21①ただし書、②、地法附則11の6）。

② 固定資産課税台帳に固定資産の価格が登録されていない不動産

　これらの不動産については、都道府県知事が総務大臣の定める固定資産評価基準及び修正基準によって評価してその不動産に係る課税標準となるべき価格を決定します（地法73の21②、地法附則11の6）。

　なお、新築家屋は原則として全てその価格がその台帳に登録されていない取扱いとなります。

(2) 宅地評価土地に係る価格の特例措置

　宅地評価土地については、その取得が平成18年1月1日から平成30年3月31日までの間に行われた場合に限り、その課税標準を上記(1)によって決定した価格の2分の1の額となります（地法附則11の5）。

6 課税標準の特例措置

(1) 新築住宅の取得に係る特例

　地法73の14①②④、地令37の17参照

第4章　不動産と税金

(2) 個人の耐震基準適合既存住宅の取得に対する特例

地法73の14③④、地令37の18、地規7の6、平成26年地法附則7①参照

(3) 公営住宅等の取得に係る特例

地法73の14⑤参照

(4) その他の課税標準の特例

地法73の14⑥〜⑭、地令38、39、39の2、39の2の2、39の2の3、地法附則11参照

7 税率及び免税点

(1) 税率

不動産取得税の税率については、標準税率のみが決定されており、4％とされています（地法73の15）。

この標準税率については、特例措置が講じられています（地法附則11の2①、平成18年改正地法附則8⑪）が、都道府県は、この標準税率を基準として条例によりその税率を定めることになります。

区分		本則税率	特例税率
土地		4％	3％
家屋	住宅	4％	3％
	住宅以外	4％	―

なお、特例税率は、平成18年4月1日から平成30年3月31日までの間にその取得が行われた場合に適用されます。

(2) 免税点

① 免税点の内容

不動産取得税においては、取得原因の区分に応じ次のとおり免税点が定められており、課税標準となるべき額が次の免税点に満たない場

合には、不動産取得税は課税されません（地法73の15の2①）。

取得原因の区分		課税標準となるべき額^(注1)
土地の取得		10万円
家屋の取得	建築による取得	一戸^(注2)につき　23万円
	承継による取得	一戸^(注2)につき　12万円

(注1)免税点の適用の基準となるのは「課税標準となるべき額」とされていることから、課税標準の特例が適用される不動産の取得の場合は、その特例が適用された後の額となります。
(注2)共同住宅等にあっては、一戸とは、居住の用に供するために独立的に区画された一部分をいいます。

② **共同取得と免税点**

　不動産が共同取得された場合における免税点の適用基準となる額は、その共同取得した不動産の課税標準となるべき額そのものによるものではなく、その額を共同取得者の持分によって按分した額によることとなります。

③ **1年以内に隣接地又は一構となるべき家屋を取得した場合の免税点の特則**

　取得予定の土地又は家屋を分散取得することによって免税点を適用して課税を免れることを防止するため、免税点には、次のような特則が定められています。

(イ)土地の取得の場合

　一の土地を取得した者が、その土地を取得した日から1年以内にその一の土地に隣接した土地を取得した場合には、一の土地の価格とその隣接地の土地の価格との合計額によって、土地の免税点を判定します（地法73の15の2②）。

(ロ)家屋の取得の場合

　家屋（母屋）を取得した者が、その家屋を取得した日から1年以

内にその家屋と一構となるべき家屋（附属屋）を取得した場合には、その家屋の価格とその家屋と一構となるべき家屋（附属屋）の価格との合計額によって、家屋の免税点を判定します（地法73の15の2②）。

8 税額の減額措置

(1) 住宅用土地の取得に対する税額の減額

　住宅用土地の取得に対する不動産取得税については、我が国の住宅事情等を勘案して、税額の減額措置が講じられており、住宅用土地の取得に際して税負担が軽減されることになっています（地法73の24①④、73の25①、73の26、地令39の2の3、39の3の2、地法附則11の5②、10の2②、地令附則6の17②、取扱通知（県）5章22(5)）。

(2) 個人が取得した耐震基準不適合既存住宅を耐震改修した場合の税額の減額

　個人が取得した耐震基準不適合既存住宅について、耐震改修を行い、一定の特例適用の要件に該当するときは、その既存住宅の取得に対して課される不動産取得税については、その住宅に係る税額から、一定の額が減額されます（地法73の27の2）。

(3) 不動産取得日から1年以内に被収用不動産等の代替不動産と認定された場合における税額の減額

　不動産を取得した者が、その不動産を取得した日から1年以内に、一定の場合において、その取得した不動産が収用され、譲渡し、又は移転補償金を受けた不動産（以下「被収用不動産等」といいます。）に代わるものと認められるときは、その代替不動産の取得に対する不動産取得税額から、一定の額が控除されます（地法73の27の3、地令39、39の4）。

(4) 心身障害者を多数雇用する事業所の事業主が助成金の支給を受けて取得する事業用施設に対する税額の減額

　心身障害者を多数雇用する事業所の事業主が障害者の雇用の促進等に関する法律の規定による助成金等の支給を受けて、その事業所の事業の用に供する一定の施設を平成23年7月1日から平成31年3月31日までの間に取得した場合において、その者がその施設の取得の日から引き続き3年以上その施設を事業の用に供したときは、その施設の取得に対する不動産取得税額から、その施設の課税標準となるべき価格の10分の1に相当する額に税率を乗じた額が減額されます（地法附則11の4①②、地令附則9、地規附則3の2の19）。

(5) サービス付き高齢者向け住宅の敷地の用に供する土地に対する税額の減額

　高齢者の居住の安定確保に関する法律の登録を受けたサービス付き高齢者向け住宅である一定の貸家住宅の用に供する土地を平成31年3月31日までに取得した場合で、一定の要件に該当するときは、その土地の取得に対する不動産取得税額から、一定の額が減額されます（地法附則11の4③）。

(6) 宅地建物取引業者が買取中古住宅を改修して個人に譲渡した場合のその買取中古住宅に対する税額の減額

　宅地建物取引業者が買取中古住宅を改修して個人に譲渡した場合、一定の要件に該当し、その宅地建物取引業者によるその改修工事対象住宅の取得が平成27年4月1日から平成31年3月31日までの間に行われたときは、その取得に対して課される不動産取得税については、その税額から一定の額が減額されます（地法附則11の4④）。

2 固定資産税

1 概要

　固定資産税は、土地、家屋及び償却資産という3種類の固定資産を課税客体とし、その所有者を納税義務者として、その固定資産の所在する市町村（東京都特別区の存する区域については東京都）が、その固定資産の価値に応じて毎年経常的に課税する財産税です。

　固定資産税は、土地、家屋及び償却資産の資産の保有と市町村の行政サービスとの間に一般的な受益関係が存在するという応益的な考え方に基づいて課税されるものです。

　また、固定資産税は、資産価値に着目し、その固定資産を所有することに担税力を見出して、その価値に応じて課税される物税であり、資産の所有者の所得等の人的要素（所得の多少、扶養親族の有無・多少等）は考慮されない建前となっています。

　なお、固定資産の税額の計算過程の概略を図示すると、次のようになります。

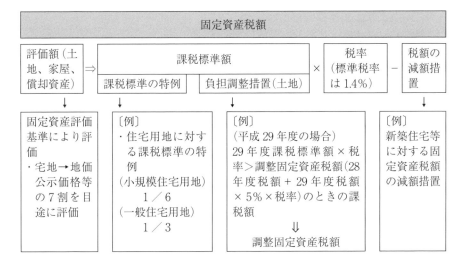

2 課税客体

(1) 課税客体となる固定資産

① 固定資産の意義

固定資産税の課税対象となる課税客体は、賦課期日（例えば、平成29年度分の固定資産税の場合は、平成29年1月1日）現在においてその市町村に所在する固定資産とされています。

ここでいう固定資産とは、次のとおり、土地、家屋、償却資産を総称したものをいいます（地法341一～四）。

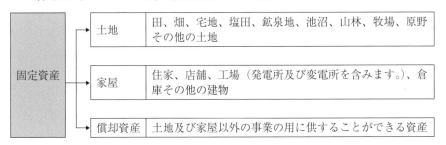

② 賦課期日と課税客体との関係

固定資産税は、賦課期日（その年度の初日の属する年の1月1日（平成29年度分の固定資産税の場合は、平成29年1月1日））現在においてその所在する固定資産に対してその年度分の固定資産税が課税されます（地法359）。課税客体となる固定資産であるか否かは、賦課期日の現況によって判定されることから、賦課期日後にその所在していた固定資産が解体等の事由で滅失したような場合であっても、その年度分の固定資産税は全額課税されることとなり、滅失後の期間に対応する税額分が還付されるということはありません。一方、賦課期日後に所在することとなった固定資産については、その年度分の固定資産税は全く課税されません。

(2) 課税客体となる土地

① 土地の意義

固定資産税の課税客体となる土地とは、田、畑、宅地、塩田、鉱泉地、池沼、山林、牧場、原野その他の土地をいいます（地法341二）。

これは、土地の意義を規定したというより土地の利用面から区分または種類を掲げたものであり、その意義については、地方税法で特に定められていませんが、この場合の土地の意義は、不動産登記法にいう土地(*)の意義と基本的には同様のものであるといえます。

(*)不動産登記法にいう土地とは、登記簿に登記されるべき土地、つまり所有権等の私権の目的となり得る土地をいいます。

② 立木等及び埋立地等の取扱い

区分	取扱い
土地に定着する立木、野菜、埋蔵鉱物等	土地の範囲に含まれませんので、土地の評価にあたっては、立木等の価格を合わせて土地の評価とすることはできません。

公有水面埋立法の規定による竣工認可又は竣工通知のない埋立地等	その認可等があるまでは、法律上公有水面として取り扱われますので、土地には含まれません。
公有水面埋立法の規定による竣工認可又は竣工通知のない埋立地等で工作物を設置し、その他土地を使用する場合と同様の状態で使用されているもの（埋立工事に関して使用されているものを除きます。）	その埋立地等を土地とみなして、固定資産税を課税します（地法343⑦）。

③　地目の認定

(イ)地目認定の時期

　　地目認定については、固定資産税の賦課期日が1月1日とされていますので、同日現在の現況及び利用目的に重点をおいて行われます。

(ロ)現況主義による認定（固定資産評価基準第1章第1節一）

　　地目の認定については、土地評価上の地目が、登記簿上の地目にかかわりなく、現況の地目によるものであり、その地目の認定にあたっては、その土地の現況及び利用目的に重点をおき、部分的に僅少の差異の存するときであっても、土地全体としての状況を観察して行われます。

　　その理由として、土地評価上の地目は、実地調査によって認定することが比較的容易であり、また、各筆の土地について均衡のとれた適正な評価を行う必要があることから、登記簿上の地目にかかわりなく、現況の地目によって行うものとされているからです。

(ハ)地目認定の単位

　　地目の認定については、原則として1筆ごとに行うものであり、それが、部分的に僅少の差異の存するときでも、土地全体としての状況を勘案して認定されることとなります。

認定単位の例外として、1筆の土地が相当の規模で2以上の全く別個の用途に利用されているような場合、例えば、1,000㎡の土地を700㎡は畑として、300㎡は住宅地として利用しているような場合には、これらの利用状況に応じて区分して、それぞれに地目を付することとなります。

④ **地積の認定**

(イ) 地積の取扱い（固定資産評価基準第1章第1節二）

区分	原則	例外	
		状況	認定
登記簿に登録されている土地	登記地積	登記地積＞現況地積	現況地積
		登記地積＜現況地積	現況地積 ただし、登記地積によることが著しく不適当な場合に限ります。
登記簿に登録されていない土地	現況地積	特に定められていません。	

(ロ) 地積調査が行われている場合の取扱い

　国土調査法による地積調査を行っている市町村において、その市町村の一部の地域について地積調査後の地積が登記簿に登記されている場合、地積調査後の地積が登記簿に登記されている土地でその市町村における他の土地との評価の均衡上その地積によることが特に不適当であると認められるものについては、地積調査前のその土地の登記簿に登記されていた地積によります（固定資産評価基準1章1節二）。

(3) 課税客体となる家屋

① **家屋の意義**

　固定資産税の課税客体となる家屋とは、住家、店舗、工場（発電所

および変電所を含みます。)、倉庫その他の建物をいい（地法341三）、不動産登記法の建物(*)の意義を同じくするものであり（取扱通知（市）3章2）、登記簿に登記されるべき建物をいいます。また、不動産取得税における家屋とその意義を同じくします。

(＊)不動産登記法の建物とは、屋根及び周壁又はこれらに類するものを有し、土地に定着した建造物であって、その目的とする用途に供し得る状態にあるものをいいます（不動産登記規則111）。

② **家屋の認定**

　固定資産税の課税客体となる家屋は、賦課期日（1月1日）現在において家屋と認められるものです。家屋の認定については、賦課期日の現況が家屋であるか否かは、個々の建物の現況に応じて判断することになります。

　この場合の家屋とは、土地に定着して建造され、家屋としての構造上不可欠とされる主要な構造部を備え、壁体をつけ、外回りの建具等を建て込んだ程度に達することによって外界と遮断した一定の空間を有し、その目的とする居住、作業、貯蔵等の用に供し得る状態にあるものをいうと解されています。

　したがって、建築中の建物で家屋の内・外部仕上げ等工事の一部が未了のものであっても、賦課期日における現況が家屋の使用が開始される等一連の新築工事が終了したと認められる状態にあるものは、これを家屋として取り扱うことができるものと解されています。

③ **家屋であるか償却資産であるかの判定**

　一つの建造物が家屋であるか償却資産であるかの判定は、その構造、利用状況又は効用、価値等を総合的に勘案して行うことになるところ、建造物の構造等からみて家屋であるかどうかを定め難い建物については、不動産登記事務取扱手続準則第77条《建物認定の基準》に定め

られている例示から類推し、その利用状況等をも勘案して判定することになります。

④ 建築設備の取扱い

家屋の所有者が所有する設備で、家屋に取り付けられ、家屋と構造上一体となって、家屋の効用を高める建築設備については、家屋に含めて評価することとされている（固定資産評価基準2章1節七）ことから、これらの設備は、固定資産税の課税客体となる家屋の範囲に含まれることとなります。

(4) 課税客体となる償却資産

第3章の「4　固定資産税（償却資産）」（129頁）参照

3 納税義務者

(1) 固定資産税の納税義務者

固定資産税の納税義務者は、原則として、固定資産の所有者[*]とされています（地法343①）。

（*）質権又は100年より長い存続期間の定めのある地上権が設定されている土地については、その質権者又は地上権者とされています。

この場合、所有者とは、次に掲げる固定資産の区分に応じ、それぞれに掲げる者をいいます（地法343②、③）。

固定資産	固定資産の所有者
土地	・登記簿に所有者として登記されている者 ・土地補充課税台帳に所有者として登録されている者
家屋	・登記簿に所有者（区分所有家屋については区分所有者）として登記されている者 ・家屋補充課税台帳に所有者(区分所有家屋については区分所有者)として登録されている者
償却資産	・償却資産課税台帳に所有者として登録されている者

① **登記簿に登記されている土地及び家屋に係る納税義務者**

固定資産税においては、登記簿に登記されている土地又は家屋に対しては、次の（イ）に掲げる登記簿上の所有者に対し、次の（ロ）に掲げる課税の取扱いにより、固定資産税が課税されます（地法343①、②）。

（イ）登記簿上の所有者

市町村長は、登記簿に登記されている土地又は家屋については、土地課税台帳又は家屋課税台帳に、不動産登記法第27条第3号、第34条第1項各号及び第41条第1項各号に掲げる登記事項、所有権等の登記名義人の住所及び氏名等並びに基準年度の価格又は比準価格を登録しなければならないとされています（地法381①、③）。

したがって、登記簿に登記されている土地又は家屋については、その登記簿に所有者として登記されている者が、その土地又は家屋の所有者として課税台帳に、土地課税台帳又は家屋課税台帳に登録されることになります。

（ロ）課税の取扱い

固定資産税は、台帳課税主義により課税することとされていることから、その土地又は家屋の所有者として土地課税台帳又は家屋課税台帳に登録された者は、固定資産税の納税義務者たる土地又は家屋の所有者として、固定資産税が課税されることになります（地法343②）。

したがって、土地又は家屋が登記簿に登記されている場合には、その土地又は家屋の真実の所有者が誰であるかを問わず、それを確認することもなく、その賦課が行われることになります。

② **登記簿に登記されていない土地及び家屋に係る納税義務者**

登記簿に登記されていない土地又は家屋に係る固定資産税について

は、その土地及び家屋が固定資産税を課することができるものであるときは、その土地及び家屋の現実の所有者がその土地又は家屋の所有者として土地補充課税台帳又は家屋補充課税台帳に登録され、その登録された者がその土地又は家屋に係る固定資産税の納税義務者となります（地法343②、381②、④）。

③ **登記簿上の所有者が死亡している場合等の土地及び家屋に係る納税義務者**

次の（イ）から（ハ）に該当するときは、台帳課税主義の例外としてその登記又は登録されている者ではなく、賦課期日現在において、その土地又は家屋を現に所有している者（現実の所有者）が納税義務者となります（地法343②後段）。

（イ）所有者として登記又は登録されている個人が賦課期日前に死亡しているとき

（ロ）所有者として登記又は登録されている法人が賦課期日前に消滅しているとき

（ハ）所有者として登記されている人的非課税の適用を受けている者が賦課期日前に所有者でなくなっているとき

④ **償却資産に係る納税義務者**

第3章の「4　固定資産税（償却資産）」（134頁）参照

⑤ **賦課期日と納税義務者の関係**

固定資産税は、その年度の賦課期日（例えば、平成29年度分の固定資産税の場合は、平成29年1月1日）現在において固定資産の所有者として固定資産課税台帳に登録されている者に対してその年度分の固定資産税が課税されます（地法359）。

したがって、固定資産の所有者であるか否かは、1月1日現在の現況によって判定されます。賦課期日現在において固定資産課税台帳に

所有者として登録されている者は、その後その年度中にその固定資産を売却したような場合であっても、その年度分の固定資産税が全額課税されることとなり、売却後の期間に対応する税額分が還付されるということはありません。一方、賦課期日後に新たに固定資産の所有者となった者については、その年度分の固定資産税は全く課税されません。

(2) 納税義務者とされる質権者又は地上権者

質権又は100年より長い存続期間の定めのある地上権が設定されている土地については、その土地の所有者ではなく、質権者又は地上権者を納税義務者として固定資産税が課税されます（地法343①）。

(3) 所有者とみなされて納税義務者となる者

固定資産税の納税義務者は、原則として固定資産の所有者であり、固定資産課税台帳に所有者として登録されている者です。その所有者に対して固定資産税を課税することが極めて不合理である場合には、一定の者を所有者とみなして固定資産税が課税されます（地法343④⑤⑥⑦⑧⑨）。

4 課税団体

(1) 固定資産税の課税団体

固定資産税の課税団体は、この税が応益的な考え方に基づいて課税されるものであることから、賦課期日現在においてその固定資産が所在する市町村及び東京都とされています（地法342、734①）。

ただし、例外として、大規模償却資産については、その価額のうち一定の課税限度額までは市町村が課税し、それを超える部分の額については、その市町村を包括する都道府県が課税することとされています（地法349の4、349の5、740）。

なお、固定資産の区分ごとの課税団体は、次表のとおりです。

固定資産の区分			課税団体
土地			所在市町村
家屋			所在市町村
償却資産	一般の償却資産		所在市町村
	移動性償却資産又は可動性償却資産	地法389①一該当資産以外の資産	主たる定けい場又は定置場所在の市町村
		地法389①一該当資産（総務大臣が指定）	都道府県知事又は総務大臣から価格等の配分を受けた市町村
	鉄道、軌道、発電、送電、配電若しくは電気通信の用に供する固定資産又は2以上の市町村に所在する市町村で総務大臣が指定するもの（地法389①二該当資産）		都道府県知事又は総務大臣から価格等の配分を受けた市町村
	大規模償却資産（東京都特別区及び指定都市に所在するものを除きます。）	一定の限度額以内の額	所在市町村
		一定の限度額を超える額	所在市町村を包括する都道府県

(2) 東京都特別区の存する区域における課税団体の特例

東京都特別区に対しては、固定資産税の課税権が付与されておらず（地法736①）、同特別区の存する区域においては、東京都が固定資産税を課税することとされています（地法734①）。東京都特別区に所在する固定資産及び東京都特別区に主たる定けい場又は定置場が所在する償却資産並びに東京都が総務大臣等から価格等の配分を受ける償却資産に対しては、東京都が課税することになります。

なお、固定資産税に関する地方税法の規定を東京都特別区に準用及び適用する場合には、特別区の区域を一の市の区域とみなすこととされている（地法737①）ことから、例えば、免税点を適用する場合には、その特別区ごとに固定資産の名寄せを行って、免税点を判定することになります。

5 非課税制度

(1) 所有者の性格により非課税（人的非課税）

　国並びに都道府県、市町村、特別区、これらの組合、財産区及び合併特例区に対しては、これらの者の公的性格に鑑み、かつ、これらの者の非課税相互主義に基づいて、固定資産税が非課税とされています（地法348①）。

(2) 固定資産の性格又は用途による非課税（物的非課税）

　次に掲げる固定資産については、その固定資産の性格又はその固定資産の供される用途の性質に鑑み、固定資産税が非課税とされています（地法348②～⑨、地法附則14）。

　ただし、市町村は、固定資産を有料で借り受けた者がこれを次の①から㊻までに掲げる固定資産として使用する場合においては、その固定資産の所有者に固定資産税を課税することができます（地法348②ただし書）。

　また、市町村は、①から㊻までに掲げる固定資産がそれぞれ定められている目的以外の目的に使用されている場合には、これらの固定資産に対し、固定資産税を課税することとされています（地法348③）。

①	国並びに都道府県、市町村、特別区、これらの組合及び財産区が公用又は公共の用に供する固定資産
②	皇室経済法第7条に規定する皇位とともに伝わるべき由緒ある物である固定資産
③	独立行政法人水資源機構、土地改良区、土地改良区連合及び土地開発公社が直接その本来の事業の用に供する固定資産で一定のもの
④	鉄道事業者又は軌道経営者が、千葉市の区域、東京都の特別区の存する区域、川崎市の区域、横浜市の区域、名古屋市の区域、京都市の区域、大阪市の区域、神戸市の区域及び広島市の区域並びにこれらの近郊の一定の区域又は新東京国際空港及び新千歳空港並びにその周辺の一定の区域において直接鉄道事業又は軌道経営の用に供するトンネルで一定のもの

⑤	公共の危害防止のために設置された鉄道事業又は軌道経営の用に供する踏切道及び踏切保安装置
⑥	既設の鉄道若しくは既設の軌道と道路とを立体交差させるために新たに建設された立体交差化施設で一定のもの、公共用飛行場の滑走路の延長に伴い新たに建設された立体交差化施設又は道路の改築に伴い改良された既設の立体交差化施設で一定のもののうち線路設備、電路設備及び停車場設備で一定のもの
⑦	鉄道事業者又は軌道経営者が市街化区域内において鉄道事業又は軌道経営の用に供する地下道又は跨線道路橋で公衆が利用できるもの
⑧	宗教法人が専らその本来の用に供する境内建物及び境内地
⑨	墓地
⑩	公共の用に供する道路、運河用地及び水道用地
⑪	公共の用に供する用悪水路、ため池、堤とう及び井溝
⑫	一定の保安林に係る土地
⑬	国立公園又は国定公園の特別地域のうち特別保護地区その他第一種特別地域内の池沼、山林及び原野
⑭	国宝、重要文化財、重要有形民俗文化財、特別史蹟、史蹟、特別名勝、名勝、特別天然記念物若しくは天然記念物として指定され、若しくは旧重要美術品等の保存に関する法律第2条第1項の規定により認定された家屋又はその敷地
⑮	文化財保護法第144条第1項に規定する重要伝統的建造物群保存地区内の家屋で一定のもの
⑯	学校法人又は私立学校法第64条第4項の法人（⑰において「学校法人等」といいます。）が設置する学校において直接保育又は教育の用に供する固定資産
⑰	学校法人等が設置する寄宿舎で学校教育法第1条の学校又は同法第124条の専修学校に係るものにおいて直接その用に供する固定資産
⑱	公益社団法人若しくは公益財団法人、宗教法人又は社会福祉法人が設置する幼稚園において直接保育の用に供する固定資産
⑲	公益社団法人又は公益財団法人が設置する図書館において直接その用に供する固定資産
⑳	公益社団法人若しくは公益財団法人又は宗教法人が設置する博物館において直接その用に供する固定資産

㉑	医療法第31条の公的医療機関の開設者、医療法第42条の2第1項に規定する社会医療法人及び特定医療法人^(＊1)、公益社団法人及び公益財団法人、一般社団法人及び一般財団法人^(＊2)、社会福祉法人、健康保険組合及び健康保険組合連合会並びに国家公務員共済組合及び国家公務員共済組合連合会が設置する看護師、准看護士、歯科衛生士、歯科技工士、助産師、臨床検査技師、理学療法士及び作業療法士の養成所において直接教育の用に供する固定資産 （＊1）租税特別措置法第67条の2第1項の承認を受けているものをいいます。 （＊2）非営利法人に該当するものに限ります。
㉒	社会福祉法人（日本赤十字社を含みます。以下㉘までにおいて同じです。）が生活保護法に規定する保護施設の用に供する固定資産で一定のもの
㉓	社会福祉法人その他児童福祉法に規定する小規模保育事業の認可を得た者が児童福祉法に規定する小規模保育事業の用に供する固定資産
㉔	社会福祉法人、公益社団法人又は公益財団法人等一定の者が児童福祉法に規定する児童福祉施設の用に供する固定資産で一定のもの
㉕	学校法人、社会福祉法人その他就学前の子どもに関する教育、保育等の総合的な提供の推進に関する法律第3条第1項若しくは第3項の認定又は同法第17条第1項の設置の認定を受けた者が同法に規定する認定こども園の用に供する固定資産
㉖	社会福祉法人、公益社団法人又は公益財団法人等一定の者が老人福祉法に規定する老人福祉施設の用に供する固定資産で一定のもの
㉗	社会福祉法人が障害者の日常生活及び社会生活を総合的に支援するための法律に規定する障害者支援施設の用に供する固定資産
㉘	㉒から㉗までに掲げる固定資産のほか、社会福祉法人、公益社団法人又は公益財団法人等一定の者が社会福祉法に規定する社会福祉事業の用に供する固定資産で一定のもの
㉙	更生保護法人が更生保護事業法に規定する更生保護事業の用に供する固定資産で一定のもの
㉚	介護保険法の規定により市町村から委託を受けた者が同法に規定する包括支援事業の用に供する固定資産
㉛	児童福祉法の規定により市町村の認可を得た者が同法に規定する事業所内保育（利用定員が6人以上であるものに限ります。）の用に供する固定資産
㉜	㉑から㉘までに掲げる固定資産のほか、日本赤十字社が直接その本来の事業の用に供する固定資産で一定のもの

㉝	農業協同組合法、消費生活協同組合法及び水産業協同組合法による組合及び連合会が所有し、かつ、経営する病院及び診療所において直接その用に供する固定資産で一定のもの並びに農業共済組合及び農業共済組合連合会が所有し、かつ、経営する家畜診療所において直接その用に供する固定資産
㉞	健康保険組合及び健康保険組合連合会、国民健康保険組合及び国民健康保険団体連合会、国家公務員共済組合及び国家公務員共済組合連合会並びに地方公務員共済組合（以下「健康保険組合等」といいます。）が所有し、かつ、経営する病院及び診療所において直接その用に供する固定資産で一定のもの並びに健康保険組合等が所有し、かつ、経営する一定の保険施設において直接その用に供する固定資産
㉟	医療法第42条の2第1項に規定する社会医療法人が直接救急医療等確保事業に係る業務の用に供する固定資産で一定のもの
㊱	公益社団法人又は公益財団法人等で学術の研究を目的とするものがその目的のため直接その研究の用に供する固定資産で一定のもの
㊲	日本私立学校振興・共済事業団が日本私立学校振興・共済事業団法に規定する業務の用に供する固定資産で一定のもの
㊳	商工会議所又は日本商工会議所が商工会議所法に規定する事業の用に供する固定資産及び商工会又は都道府県商工会連合会若しくは全国商工会連合会が商工会法に規定する事業の用に供する固定資産で一定のもの
㊴	漁業協同組合、漁業生産組合及び漁業協同組合連合会が所有し、かつ、一定の漁船用燃料の貯蔵施設の用に供する固定資産で一定のもの
㊵	公益社団法人又は公益財団法人で学生又は生徒の修学を援助することを目的とするものがその目的のため設置する寄宿舎で一定のものにおいて直接その用に供する施設
㊶	日本下水道事業団が日本下水道事業団法に規定する業務の用に供する固定資産で一定のもの
㊷	独立行政法人都市再生機構が一定の工事に係る施設の用に供されるものとして取得した土地
㊸	独立行政法人鉄道建設・運輸施設整備機構が日本国有鉄道清算事業団の債務等に関する法律第13条第1項第2号及び第3号の業務の用に供するため所有する固定資産並びに同法第25条の規定により貸し付けている固定資産で一定のもの
㊹	旅客会社等が所有する専ら皇室の用に供する車両

㊺	日本司法支援センターが総合法律支援法に規定する業務の用に供する固定資産で一定のもの
㊻	次に掲げる独立行政法人及び国立研究開発法人が一定の業務の用に供する固定資産で一定のもの独立行政法人国立重度知的障害者施設のぞみの園、独立行政法人自動車事故対策機構、独立行政法人労働者健康安全機構、独立行政法人日本芸術文化振興会、独立行政法人日本スポーツ振興センター、独立行政法人高齢・障害・求職者雇用支援機構、独立行政法人中小企業基盤整備機構、独立行政法人国際協力機構、独立行政法人国民生活センター、独立行政法人日本学生支援機構、国立研究開発法人農業・食品産業技術総合研究機構、国立研究開発法人水産研究・教育機構、国立研究開発法人宇宙航空研究開発機構、国立研究開発法人情報通信研究機構、国立研究開発法人医薬基盤・健康・栄養研究所、国立研究開発法人森林研究・整備機構、国立研究開発法人量子科学技術研究開発機構
㊼	森林組合法、農業協同組合法、農業災害補償法、消費生活協同組合法、水産業協同組合法、漁業災害補償法、輸出入取引法、中小企業等協同組合法、中小企業団体の組織に関する法律、酒税の保全及び酒類業組合等に関する法律、商店街振興組合法及び生活衛生関係営業の運営の適正化及び振興に関する法律による組合（信用協同組合及び企業組合を除き、生活衛生同業小組合を含みます。）、連合会（信用協同組合連合会を除きます。）及び中央会が所有し、かつ、使用する事務所及び倉庫
㊽	全国健康保険協会、健康保険組合及び健康保険組合連合会、国民健康保険組合及び国民健康保険団体連合会、国家公務員共済組合及び国家公務員共済組合連合会、地方公務員共済組合、全国市町村職員共済組合連合会、地方公務員共済組合連合会及び企業年金基金及び確定給付企業年金法に規定する企業年金連合会、国民年金基金及び国民年金基金連合会、法人である労働組合、職員団体等に対する法人格の付与に関する法律による法人である職員団体等、漁船保険組合、たばこ耕作組合、輸出水産業組合並びに土地改良事業団体連合会並びに農業協同組合及び農業協同組合連合会が所有し、かつ、使用する事務所及び倉庫
㊾	旅客会社等が独立行政法人鉄道建設・運輸施設整備機構法の規定に基づき借り受ける固定資産のうち東京都の特別区の存する区域並びに稲城市の区域、府中市の区域、国分寺市の区域、小平市の区域、東村山市の区域、所沢市の区域、さいたま市の区域、川崎市の区域、横浜市の区域及び松戸市の区域において直接鉄道事業の用に供するトンネル

㊿	非課税独立行政法人が所有する固定資産^(*1)、国立大学法人等が所有する固定資産^(*2)及び日本年金機構が所有する固定資産^(*3) （＊1）その固定資産を所有する非課税独立行政法人以外の者が使用しているものその他の一定のものを除きます。 （＊2）その固定資産を所有する国立大学法人等以外の者が使用しているものを除きます。 （＊3）日本年金機構以外の者が使用しているものを除きます。
51	独立行政法人海技教育機構が公益社団法人又は公益財団法人から無償で借り受けて直接その本来の業務の用に土地で一定のもの
52	地方独立行政法人^(*1)が所有する固定資産^(*2)及び公立大学法人が所有する固定資産^(*3) （＊1）公立大学法人を除きます。 （＊2）その固定資産を所有する地方独立行政法人以外の者が使用しているものその他の一定のものを除きます。 （＊3）その固定資産を所有する公立大学法人以外の者が使用しているものを除きます。
53	外国の政府が所有する次に掲げる施設の用に供する固定資産 ただし、（ハ）に掲げる施設の用に供する固定資産については、外国が固定資産税に相当する額をその外国において日本国の（ハ）に掲げる施設の用に供する固定資産に対して課する場合には、（ハ）に掲げる施設の用に供する固定資産は非課税とはなりません。 （イ）大使館、公使館又は領事館 （ロ）専ら大使館、公使館若しくは領事館の長又は大使館若しくは公使館の職員の居住の用に供する施設 （ハ）専ら領事館の職員の居住の用に供する施設
54	東日本高速道路㈱、首都高速道路㈱、中日本高速道路㈱、西日本高速道路㈱、阪神高速道路㈱若しくは本州四国連絡高速道路㈱が、高速道路株式会社法第5条第1項第1号、第2号若しくは第4号に規定する事業^(*1)の用に供する固定資産で一定のもの又は独立行政法人日本高速道路保有・債務返済機構が、独立行政法人日本高速道路保有・債務返済機構法第12条第1項第1号若しくは第8号に規定する業務の用に供する固定資産で一定のもの^(*2) （＊1）本州四国連絡高速道路㈱にあっては、同項第1号、第2号、第4号又は第5号ロに規定する事業とします。 （＊2）平成18年度から平成37年度までの各年度分の固定資産税に限ります。
55	独立行政法人鉄道建設・運輸施設整備機構が一定の区域において都市鉄道等利便増進法に規定する都市鉄道利便増進事業により整備し、かつ、直接鉄道事業又は軌道経営の用に供するトンネル^(*) （＊）平成31年3月31日までに整備されたものに限ります。

6 課税標準

(1) 固定資産税の課税標準

① 固定資産税の課税標準

固定資産税の課税標準は、固定資産の価格であり、固定資産評価基準に基づいて適正に評価された価格で固定資産課税台帳に登録されたものをいいます（地法349、349の2）。

この場合、固定資産の価格とは、適正な時価をいい（地法341 五）、正常な条件の下で成立する取引価格（独立当事者間の自由な取引において成立すべき価格）をいうものと解されています。

② 課税標準の態様

土地及び家屋の課税標準については、原則として課税標準となる価格を3年間据え置くという価格の据置制度がとられており（地法349 ①～③）、基準年度(*)の翌年度（第2年度）及び基準年度の翌々年度（第3年度）においては、新たな評価を行わないこととされています。

(*)基準年度とは、昭和31年度及び昭和32年度並びに昭和33年度から起算して3年度又は3の倍数の年度を経過したごとの年度をいい、平成27年度が基準年度にあたります。

ただし、平成28年度と平成29年度においてさらに地価の下落傾向がみられる場合には、市町村長の判断により、その価格を修正することができる特例措置が講じられています（地法附則17の2）。

これに対して、償却資産については、毎年評価替えが行われることから、その年度の賦課期日現在における価格が課税標準となります（地法349の2）。

また、固定資産税の課税標準については、課税標準の特例措置が講じられているほか、土地に対する税負担の調整措置、大規模償却資産

に係る課税の特例措置等が講じられています。

　なお、固定資産税における課税標準の態様は、次のとおりです。
(イ)土地及び家屋
　　イ．土地及び家屋の課税標準は、原則して基準年度の価格（地法349）
　　ロ．据置年度において地目の変換、家屋の改築若しくは損壊その他これらに類する特別の事情または市町村の配置分合若しくは境界変更という特別の事情があるため、イの基準年度の価格によることが不適当であるか又はその市町村を通じて固定資産税の課税上著しく均衡を失すると市町村長が認める土地又は家屋については、イの基準年度の価格によらず、その土地又は家屋に類似する土地又は家屋の基準年度の価格に比準する価格（比準価格）（地法349②ただし書、③ただし書、⑤ただし書）
　　ハ．土地又は家屋に対する公益事業等に係る課税標準の特例の対象となる土地又は家屋については、基準年度の価格又は比準価格に課税標準の特例率を乗じて得た額（地法349の3、地法附則15等）
　　ニ．住宅用地については、課税標準となるべき価格に3分の1（小規模住宅用地においては、6分の1）を乗じて得た額（地法349の3の2）
　　ホ．税負担の調整措置の対象となる土地については、負担水準に応じて定められている調整措置によって求められる額（地法附則17以下）
　　ヘ．市街化区域農地に対する課税の適正化措置の対象となる特定市街化区域農地については、適正化措置の適用後の額（地法附則19の2以下）

(ロ) 償却資産

　　第3章の「4　固定資産税（償却資産）」（129頁）参照

(2) 土地及び家屋の課税標準

① 価格の据置制度

　土地及び家屋に係る固定資産税は、資産価値に着目して課税されることから、その課税標準は、適正な時価であるとされています。適正な時価に基づき課税をするということからすれば、毎年度評価替えをし、これによって得られる適正な時価を基に課税することが最も望ましい課税のあり方といえます。

　しかし、土地及び家屋については、その評価する課税客体の量（土地約1億8千万筆、家屋約6千万棟）が膨大であり、毎年度評価替えを行うことは、現行の事務処理上の体制の実情からすると物理的に困難であるといわれており、一方、評価にあたっては課税の適正及び公平が損なわれない範囲内においてその事務処理の簡素合理化を図り徴税コストをできる限り最小に抑えることも要請されます。

　このような状況を踏まえ、土地及び家屋については、基準年度において賦課期日現在における適正な時価を評価して、すなわち、評価替えして、これを原則として翌年度及び翌々年度まで3年間据え置くこととされています（地法349①～③）。

　したがって、土地及び家屋に対して課税する固定資産税の課税標準は、基準年度においては、その基準年度の賦課期日現在における価格で固定資産課税台帳に登録されたものとなり、基準年度の翌年度（第2年度といいます。）及び基準年度の翌々年度（第3年度といいます。）においては、新たな評価を行わず、基準年度の課税標準の基礎となった価格で固定資産課税台帳に登録されたものとなります。

② 据置年度における土地の価格修正制度

　固定資産税においては、原則として基準年度（最近では平成27年度）の評価額を3年間据え置くという価格据置制度がとられていますが、この据置制度は、地価の下落局面においては、基準年度の価格が第2年度又は第3年度の賦課期日における価格を上回ることとなり、納税者に不利益をもたらすことになる場合もあることから、据置年度である平成28年度又は平成29年度の固定資産税については、一定の要件のいずれも満たしている土地については、その土地に係る修正前の価格を総務大臣の定める修正基準によって修正し、その修正価格をその年度分の課税標準とすることができます（地法附則17の2）。

　なお、地価の下落については、都道府県地価調査及び不動産鑑定士又は不動産鑑定士補による鑑定評価を活用して地価の下落状況を把握して判断することになります。

(3) 償却資産の課税標準

第3章の「4　固定資産税（償却資産）」（136頁）参照

7　課税標準の特例

(1) 公益事業等に対する課税標準の特例

地法349の3、地法附則15、15の2、15の3参照

(2) 住宅用地に対する課税標準の特例

地法349の3の2参照

(3) 被災住宅用地に対する課税標準の特例

地法349の3の3①、384の2、地令52の13①、②参照

(4) 長期避難指示等に係る被災住宅用地に対する課税標準の特例

地法349の3の3①参照

8 固定資産の評価及び価格等の決定

(1) 評価及び価格の決定の概要

　固定資産の評価は、船舶、車両、鉄道、発電又は電気通信等で総務大臣が指定するもの及び大規模償却資産で都道府県知事が指定するものを除き、固定資産所在の市町村又は東京都に設置される固定資産評価員（固定資産評価員を設置していない市町村においては、市町村長）によって行われ、その価格及びその固定資産に係る課税標準の特例の適用後の価格（以下「価格等」といいます。）の決定は、固定資産評価員によって行われた評価の結果に基づき市町村長又は東京都知事（特別区の区域内に係るものに限ります。以下「市町村長」といいます。）が行います（地法409、410）。

(2) 固定資産評価員

　固定資産の評価は、固定資産評価員によって行われますが、固定資産税における固定資産評価員制度は、次のとおりです。

① 固定資産評価員の設置

　市町村長の指揮を受けて固定資産を適正に評価し、かつ、市町村長が行う価格の決定を補助するために、市町村に、固定資産評価員を設置することとされています（地法404①④）。

② 選任

　固定資産評価員は、固定資産の評価に関する知識及び経験を有する者のうちから、市町村長が、その市町村の議会の同意を得て、選任します（地法404②③）。

③ 兼職禁止

　固定資産評価員は、職を兼ねることができないとされています（地法406①）。

④　評価補助員

　　市町村長は、必要があると認める場合においては、固定資産の評価に関する知識及び経験を有するもののうちから、固定資産評価補助員を選任して、これに固定資産評価員の職務を補助させることができます（地法405）。

(3) 固定資産の評価

① 固定資産の評価の原則

(イ)土地及び家屋の評価

　　市町村長は、固定資産評価員又は固定資産評価補助員にその市町村所在の固定資産の状況を毎年少なくとも１回実地調査させることとなっています（地法408）。

　　この場合、固定資産評価員は、その実地調査の結果に基づいてその市町村に所在する土地又は家屋の評価をする場合においては、土地又は家屋の区分に応じ、さらに評価するそれぞれの年度において、次に掲げる価格によって、その土地又は家屋を評価します（地法409①）。

区分	基準年度	第２年度	第３年度
基準年度に係る賦課期日に所在する土地又は家屋	土地又は家屋の基準年度に係る賦課期日における価格（以下「基準年度価格」といいます。）	イ．左に同じ ロ．地方税法第349条第２項ただし書の規定の適用を受けることとなるものは、その土地又は家屋に類似する土地又は家屋の基準年度の価格に比準する価格	イ．左のイ又はロに同じ ロ．地方税法第349条第３項ただし書の規定の適用を受けることとなるものは、その土地又は家屋に類似する土地又は家屋の基準年度の価格に比準する価格

第2年度において新たに固定資産税が課税されることとなる土地又は家屋	―	その土地又は家屋に類似する土地又は家屋の基準年度の価格に比準する価格	イ．左に同じ ロ．地方税法第349条第5項ただし書の規定の適用を受けることとなるものは、その土地又は家屋に類似する土地又は家屋の基準年度の価格に比準する価格
第3年度において新たに固定資産税が課税されることとなる土地又は家屋	―	―	その土地又は家屋に類似する土地又は家屋の基準年度の価格に比準する価格

(ロ)償却資産の評価

　第3章の「4　固定資産税（償却資産）」（140頁）参照

(ハ)評価調書の提出

　固定資産評価員は、評価を行った場合は、遅滞なく、評価調書を作成し、これを市町村長に提出することとされています（地法409④）。

(ニ)土地又は家屋の評価と不動産取得税との関係

　固定資産税と不動産取得税は、土地及び家屋については、同一の課税客体を同一の基準（固定資産評価基準）で評価することとなるために、次のように取り扱われ、その評価が両者間で統一されています。

土地又は家屋の評価と不動産取得税との関係		
イ．固定資産課税台帳に固定資産の価格が登録されている不動産	⇒	原則として、その登録価格によります（地法73の21①本文）。
ロ．その不動産について増築、改築、損壊、地目の変換その他特別の事情があるためにイの登録価格により難い場合 ハ．固定資産課税台帳に固定資産の価格が登録されていない不動産	⇒	都道府県知事が固定資産評価基準に基づいて評価し独自に価格を決定します（地法73の21②）。 この場合、都道府県知事は、直ちに、その価格その他必要な事項をその不動産の所在地の市町村長に通知しなければなりません（地法73の21③）。

② **固定資産評価基準**

　固定資産評価基準は、次のとおりです。

（イ）総務大臣が定める基準

　　総務大臣は、固定資産の評価の基準並びに評価の実施の方法及び手続（以下「固定資産評価基準」といいます。）を定めます。

（ロ）根拠

　　根拠は、地方税法第388条第1項に基づく総務省告示です。

（ハ）法的拘束力

　　イ．市町村長は、固定資産評価基準によって、固定資産の価格を決定しなければなりません（地法403①）。

　　ロ．都道府県知事又は総務大臣がその価格を決定すべき固定資産について評価を行う場合には、固定資産評価基準によって行わなければなりません（地法73の21②、389①、745）。

③ **土地の評価の概要**

　固定資産評価基準における土地の評価は、次のとおりです（固定資

産評価基準1章)。

　なお、地上権、借地権等が設定されている土地は、これらの権利が設定されていない土地として評価されます(固定資産評価基準1章1節三)。

(イ)宅地

　　宅地の評価については、広い意味での標準地比準方式が採用されています。

　　また、標準宅地の適正な時価を求める場合には、当分の間、土地基本法第16条の趣旨を踏まえ、平成6年度の評価替えから地価公示価格及び不動産鑑定士等による鑑定評価から求められた価格等を活用することとされ、これらの価格の7割を目途として評価するものとされています(固定資産評価基準1章第12節)。

(ロ)田及び畑

　　固定資産評価基準第1章第2節に定められています。

(ハ)山林

　　固定資産評価基準第1章第7節に定められています。

(ニ)鉄軌道用地

　　固定資産評価基準第1章第10節三に定められています。

(ホ)その他の土地(主なもの)

　　ゴルフ場等用地、特別緑地保全地区内の土地、大規模工業用地及び保安空地等が、固定資産評価基準第1章に定められています。

④　家屋の評価の概要

　　固定資産評価基準における家屋の評価は、固定資産評価基準第2章に定められています。

(4) 価格等の決定と固定資産課税台帳への登録及び路線価の閲覧

　市町村長による固定資産の価格等の決定及び固定資産課税台帳への登録

等は、次のように行われます（地法410、411、地規15の6の3）。なお、災害その他特別の事情がある場合には、4月1日以後に価格を決定することができます。

評価調書	価格等の決定	路線価の閲覧
固定資産評価員は評価調書を作成し市町村長に提出	市町村長は評価調書に基づいて固定資産の価格等を毎年3月31日までに決定	市町村長は、その価格等を決定した場合には、遅滞なく、地域ごとの宅地の標準的な価格を記載した書面（路線価図等）を一般の閲覧に供します。

課税台帳への登録	登録した旨の公示
直ちにその決定した固定資産の価格等を固定資産課税台帳に登録	その台帳に登録すべき固定資産の価格等のすべてを登録した場合には、直ちにその旨を公示

(5) 固定資産課税台帳と登録事項

　市町村は、固定資産の状況及び固定資産税の課税標準である固定資産の価格を明らかにするため、固定資産課税台帳を備えることになっています（地法380①）。

　固定資産税は、固定資産課税台帳に登録されている固定資産の価格等を課税標準とし、固定資産課税台帳に所有者として登録されている者を納税義務者として課税する台帳課税主義を採っていることから、この意味において、固定資産課税台帳は、固定資産税の課税においてその基本をなすべきものといえます。

　なお、市町村は、固定資産課税台帳の全部又は一部の備付けを電磁的記録の備え付けをもって行うことができます（地法380②）。

① 固定資産課税台帳の種類

　　固定資産課税台帳とは、次の5種類の台帳を総称したものをいいま

す（地法341九）。

〔土地〕

(イ)土地課税台帳

(ロ)土地補充課税台帳

〔家屋〕

(ハ)家屋課税台帳

(ニ)家屋補充課税台帳

〔償却資産〕

(ホ)償却資産課税台帳

② **固定資産課税台帳の登録事項**

　市町村長は、次に掲げる固定資産課税台帳の区分に応じ、次に掲げる事項をそれぞれの台帳に登録することとされています。

(イ)土地課税台帳

　　土地課税台帳への登録は、登記簿に登記されている土地について行われます（地法381①、⑥、地法附則15の5、28）。

(ロ)土地補充課税台帳

　　土地補充課税台帳への登録は、登記簿に登記されていない土地で固定資産税を課税することができるもの（例えば、国有地から民有地に払い下げになったもの等で賦課期日現在においてまだ未登記のもの）について行われます（地法381②、⑥、地法附則15の5、28）。

(ハ)家屋課税台帳

　　家屋課税台帳への登録は、登記簿に登記されている家屋（区分所有に係る家屋の専有部分が登記簿に登記されている場合においては、その区分所有に係る家屋）について行われます（地法381③、⑥、地法附則15の5）。

(ニ) 家屋補充課税台帳

　　家屋補充課税台帳への登録は、登記簿に登記されている家屋以外の家屋で固定資産税を課税することができるもの（例えば、新築家屋等で賦課期日現在においてまだ未登記のもの）について行われます（地法381④、⑥、地法附則15の5）。

(ホ) 償却資産課税台帳

　　償却資産課税台帳への登録は、償却資産について行われます（地法381⑤、地法附則15の5）。

③　土地名寄帳及び家屋名寄帳

　　固定資産課税台帳は、地番ごと又は家屋番号ごとに作成されており、所有者ごとにまとめられていないことから、市町村は、固定資産課税台帳に基づいてこれを納税義務者ごとにまとめた名寄帳を作成して備えることとされています（地法387①、②）。

　　これによって、市町村は、はじめて固定資産税の課税事務を進められます。また、免税点の判定もこの名寄帳を基礎として行うこととなります。

(6) 土地価格等縦覧帳簿及び家屋価格等縦覧帳簿の縦覧

　市町村長は、土地価格等縦覧帳簿及び家屋価格等縦覧帳簿の縦覧を毎年3月31日までに作成し、固定資産税の納税者が、納付すべきその年度の固定資産税に係る土地又は家屋について土地課税台帳等又は家屋課税台帳等に登録された価格とその土地又は家屋が所在する市町村内の他の土地又は家屋の価格とを比較することができるよう、その帳簿又はその写しを、毎年、次により、縦覧対象者の縦覧に供しなければなりません（地法415、416①、②、地規14）。

①　縦覧帳簿

　　土地価格等縦覧帳簿又は家屋価格等縦覧帳簿

② 縦覧期間

　4月1日から4月20日又はその年度の最初の納期限の日のいずれか遅い日以後の日までの期間

　なお、災害その他特別の事情がある場合には、4月2日以後の日から、その日から20日を経過した日又はその年度の最初の納期限の日のいずれか遅い日以後の日までの間を縦覧期間とすることができます。

　また、縦覧期間については、具体的には市町村長が公示することとされています。

③ 縦覧場所

　市町村長によって公示される場所

④ 縦覧対象者

　その市町村内に所在する土地又は家屋に対して課税される固定資産税の納税者

　なお、土地（家屋）のみを所有している者は、家屋（土地）の縦覧ができません。また、納税者の代理人であっても縦覧は可能です。

(7) 固定資産課税台帳の閲覧

　市町村長は、次に掲げるそれぞれの者の求めに応じ、固定資産課税台帳のうちこれらの者に係る固定資産について記載されている部分としてそれぞれに掲げる部分又はその写しをこれらの者の閲覧に供しなければなりません（地法382の2①、地令52の14、地規12の4）。

　この場合、市町村長は、固定資産課税台帳について記載されている事項を映像面に表示して閲覧に供することができます（地法382の2②）。また、この閲覧については、土地名寄帳又は家屋名寄帳の閲覧の方法によることができ（地法387③、④）、1年を通じて行われます。

① 固定資産税の納税義務者

　⇒　その納税義務者に係る固定資産

② 土地について賃借権その他の使用又は収益を目的とする権利（対価が支払われるものに限ります。）を有する者

　⇒　その権利の目的である土地

③ 家屋について賃借権その他の使用又は収益を目的とする権利（対価が支払われるものに限ります。）を有する者

　⇒　その権利の目的である家屋及びその敷地である土地

④ 固定資産の処分をする権利を有する一定の者

　⇒　その権利の目的である固定資産

(8) 固定資産課税台帳記載事項の証明

　市町村長は、次の①の固定資産の納税義務者から、地方団体の徴収金と競合する債権に係る担保の設定その他の目的で、固定資産課税台帳に登録された事項について地方税法第20条の10の規定による証明書の交付の請求があったときは、その納税義務者に関するものに限り、これを交付しなければなりません（地法20の10、地令6の21①四）。

　また、市町村長は、次表①から⑤までに掲げる者の請求があったときは、対象固定資産に掲げる固定資産に関して、固定資産課税台帳に登録されている事項について証明事項に掲げる事項の証明書を交付しなければなりません（地法382の3、地令52の15、地規12の5）。

	証明書の交付を請求することができる者	対象固定資産	証明事項
①	固定資産税の納税義務者	その納税義務に係る固定資産	固定資産課税台帳に登録されている事項
②	土地について賃借権その他の使用又は収益を目的とする権利（対価が支払われるものに限ります。）を有する者	その権利の目的である土地	同上

③	家屋について賃借権その他の使用又は収益を目的とする権利（対価が支払われるものに限ります。）を有する者	その権利の目的である家屋及びその敷地である土地	同上
④	固定資産の処分をする権利を有する一定の者	その権利の目的である固定資産	同上
⑤	民事訴訟費用等に関する法律別表第一の1の項から7の項まで、10の項、11の2の項ロ、13の項及び14の項の上欄に掲げる申立てをしようとする者	その申立ての目的である固定資産	地方税法第381条第1項から第5項までに規定する登録事項

(9) 審査の申出及び不服申立て

① 固定資産の価格に係る不服審査

(イ) 固定資産評価審査委員会に対する審査の申出

　　固定資産税の納税者は、その年度の固定資産税に係る固定資産について固定資産課税台帳に登録された価格について不服がある場合には、一定の期間内に、文書をもって、固定資産評価審査委員会に審査の申出をすることができます（地法432①）。

(ロ) 固定資産評価審査委員会

　　固定資産課税台帳に登録された価格に関する不服を審査決定するために、市町村に、固定資産評価審査委員会を設置することとされています（地法432）。

(ハ) 審査の申出事項

　　審査の申出をすることができる事項は、その納付すべきその年度の固定資産税に係る固定資産について固定資産課税台帳に登録された価格とされています（地法432①、地法附則17の2⑧、⑨）。

(ニ) 審査の申出期間

　　固定資産税の納税者は、一定の区分に応じ、一定の期間内に、文

書をもって、固定資産評価審査委員会に審査の申出をすることができます（地法432①）。

　ただし、天災その他やむを得ない特別の事由がある場合には、その理由がやんだ日の翌日から起算して1週間以内に審査の申出ができます（地法432②、行政不服審査法18①ただし書、②）。

② **賦課決定に係る不服申立て**

　固定資産税の賦課を受けた者は、その賦課について不服があるときは、地方税法第19条から第19条の9までの規定によるほか、行政不服審査法の定めるところにより、市町村長に対して、不服の申立てをすることができます（地法19一、行政不服審査法）。

9 税率及び免税点

(1) 税率

　固定資産税の税率については、標準税率1.4％と定められています（地法350①）。

　したがって、具体的に適用される税率は、各市町村が標準税率を基準としてその市町村の条例によって定めることになります。

　また、固定資産税の税率については、標準税率のみが定められており、制限税率が定められていませんが、市町村は、「一の納税義務者に係る課税標準の総額がその市町村の課税標準の総額の3分の2を超える者がある場合」において固定資産税の税率を定め又はこれを変更して1.7％を超える税率で固定資産税を課税する旨の条例を制定しようとするときは、その市町村の議会において、その納税義務者の意見を聴くこととなっています（地法350②）。

(2) 免税点

　固定資産税においては、免税点制度が採用されており、市町村は、同一

の者についてその市町村の区域内におけるその者の所有に係る土地、家屋又は償却資産に対して課税する固定資産税の課税標準となるべき額がそれぞれ次に掲げる金額に満たない場合には、固定資産税を課税することはできないとされています（地法351）。

ただし、市町村は、財政上その他特別の必要がある場合には、その市町村の条例の定めによって、その額が次に掲げる金額に満たないときであっても、固定資産税を課税することができます（地法351ただし書）。

① 土地　　⇒　300,000円
② 家屋　　⇒　200,000円
③ 償却資産　⇒　1,500,000円

10 区分所有家屋及びその敷地（共用土地）に対する課税の特例

(1) 区分所有家屋に対する固定資産税

共有物に対して課税する固定資産税については、地方税法第10条の2第1項の規定により、納税者が連帯して納付する義務を負うこととされていますが、建物の区分所有等に関する法律第2条第3項の専有部分の属する家屋（以下「区分所有家屋」といいます。）に対して課税する固定資産税については、区分所有家屋を各区分所有者の専有部分ごとに評価することが著しく困難であり、また、地方税法第10条の2第1項に規定する連帯納税義務によって区分所有家屋の各区分所有者に固定資産税を課税することが適当でないと考えられることから、区分所有家屋に対して課税する固定資産税については、この連帯納税義務の規定は適用されず、区分所有家屋を一括して評価した上でその区分所有家屋に係る固定資産税額を算出し、その算出税額を次の算式によって按分して求めた額をその各区分所有者のその区分所有家屋に係る固定資産税額として、その各区分所有者に課

第4章　不動産と税金

税されることになっています（地法352①、②）。

〔算式〕

$$A \times \frac{B}{C}$$

> A：その家屋を一括して評価し、これに基づき算定される固定資産税額
> B：その区分所有者に係る専有部分の床面積
> C：その専有部分の床面積の合計

(2) 居住用超高層建築物（いわゆるタワーマンション）に係る課税の見直し

　高さが60mを超える建築物（建築基準法令上の「超高層建築物」をいいます。）のうち、複数の階に住戸が所在しているもの（居住用超高層建築物）については、その居住用超高層建築物全体に係る固定資産税額を各区分所有者に按分する際に用いるその各区分所有者の専有部分の床面積を、住戸の所在する階層の差違による床面積あたりの取引単価の変化の傾向を反映するための補正率（階層別専有床面積補正率）を用いて次に掲げる算式によって補正します。補正にあたっては、居住用以外の専有部分を含む居住用超高層建築物においては、まず、その居住用超高層建築物全体に係る固定資産税額を、床面積により居住用部分と非居住用部分に按分の上、居住用部分の税額を各区分所有者に按分する場合についてのみ階層別専有床面積補正率を適用します（地法352②）。

　なお、この補正は、平成30年度から新たに課税されることとなる居住用超高層建築物（平成29年4月1日前に売買契約が締結された住居を含むものを除きます。）について適用されます。

〔算式〕

$$(A - B) \times \frac{C \times t}{D \times t の合計}$$

> A：全ての専有部分の床面積の合計
> B：人の居住の用に供する専有部分以外の専有部分の床面積の合計
> C：その人の居住の用に供する専有部分の床面積
> D：全ての人の居住の用に供する専有部分の床面積
> t：階層別専有床面積補正率で次の算式で求めた数値
> $t = 100 + (\frac{10}{39}) \times$（その人の居住の用に供する専有部分が所在する階 − 1）

11 新築住宅等に対する固定資産税の減額措置

(1) 新築住宅に対する固定資産税の減額

　新築住宅に対する固定資産税については、住宅政策に資する見地から、次のような特例措置が講じられており、その建築当初における固定資産税の額が軽減されます。この場合、住宅政策として宅地をより有効に利用することが求められていることから、新築の中高層耐火建築物である住宅については、通常の新築住宅の場合より軽減措置の期間が長くなっています。

　新築住宅に対して課税される固定資産税については、その住宅に対して新たに固定資産税が課税されることとなった年度から、住宅の区分ごとに、3年度分又は5年度分に限り、その住宅に係る固定資産税額が減額されます（地法附則15の6①、②、地令附則12①〜⑥）。

　なお、この減額は、後述の (2)、(3)、(4)、(5) 又は (6) の減額の適用がある場合は、適用されません。

(2) 認定長期優良住宅に対する固定資産税の減額

認定長期優良住宅に対して課税される固定資産税については、その住宅に対して新たに固定資産税が課税されることとなった年度から5年度分（中高層耐火建築物である住宅においては、7年度分）の固定資産税に限り、一定の額がその住宅に係る固定資産税額から減額されます（地法附則15の7①、②、③）。

なお、この減額は、後述の(3)、(4)、(5)又は(6)（中高層耐火建築物においては(4)又は(6)）の減額の適用がある場合は、適用されません。

(3) 特定市街化区域農地の所有者等の新築貸家住宅に対する固定資産税の減額

一定の要件に該当する貸家住宅（その全部又は一部が専ら住居として貸家の用に供される家屋をいいます。）に対して課税される固定資産税については、その貸家住宅に対して新たに固定資産税が課税されることとなった年度から5年度分の固定資産税に限り、一定の額がその貸家住宅に係る固定資産税額から減額されます（地法附則15の8①）。

なお、この減額は、(2)（中高層耐火建築物に係る部分に限ります。）(4)、(5)又は(6)の減額の適用がある場合は、適用されません。

(4) 市街地再開発事業等の施設建築物に対する固定資産税の減額

市街地再開発事業等の施設建築物の家屋に対して課税される固定資産税については、その家屋に対して新たに固定資産税が課税されることとなった年度から5年度分の固定資産税に限り、一定の額がその家屋に係る固定資産税額から減額されます（地法附則15の8③、地令附則12⑯～⑳）。

(5) サービス付き高齢者向け住宅に対する固定資産税の減額

サービス付き高齢者向け住宅（その全部又は一部が専ら住居として貸家の用に供される家屋をいいます。）に対して課税される固定資産税については、その貸家住宅に対して新たに固定資産税が課税されることとなった年度か

ら5年度分の固定資産税に限り、一定の額がその貸家住宅に係る固定資産税額から減額されます（地法附則15の8④、地令附則12㉑～㉓）。

(6) 防災街区整備事業の施設建築物に対する固定資産税の減額

防災街区整備事業の施設建築物の家屋に対して課税される固定資産税については、その家屋に対して新たに固定資産税が課税されることとなった年度から5年度分の固定資産税に限り、一定の額がその家屋に係る固定資産税額から減額されます（地法附則15の8⑤、地令附則12㉔）。

(7) 耐震改修された既存住宅に対する固定資産税の減額

耐震基準適合住宅に対して課税される固定資産税については、一定の期間について、一定の額がその耐震基準適合住宅に係る固定資産税額から減額されます（地法附則15の9①、②、③、地令附則12㉕～㉘、地規附則7⑦）。

(8) バリアフリー改修が行われた住宅に対する固定資産税の減額

バリアフリー改修が行われた住宅又は専用部分に対して課税される固定資産税については、その改修工事が完了した年の翌年度分の固定資産税に限り、一定の額がその住宅又は専有部分に係る固定資産税額から減額されます（地法附則15の9④、⑤、⑥、⑦、地令附則12㉙～㊱、地規附則7⑨）。

(9) 省エネ改修が行われた既存住宅に対する固定資産税の減額

熱損失防止改修住宅又は熱損失防止改修専用部分に対して課税される固定資産税については、その熱損失防止改修工事が完了した年の翌年度分の固定資産税に限り、一定の額がその熱損失防止改修住宅又は熱損失防止改修専有部分に係る固定資産税額から減額されます（地法附則15の9⑨、⑩、⑪、⑫、地令附則12㊲～㊸）。

(10) 耐震改修が行われた要安全確認計画記載建築物等に対する固定資産税の減額

耐震基準適合家屋に対して課税される固定資産税については、一定の耐

震改修工事が完了した年の翌年から2年度分の固定資産税に限り、一定の額がその耐震基準適合家屋に係る固定資産税額から減額されます（地法附則15の10①、②、③、地規附則7⑮）。

12 宅地等に対する税負担の調整措置

　平成27年度の土地の評価替えに伴う平成27年度から平成29年度までの各年度に係る負担調整については、商業地等の据置特例の対象土地における税負担の不均衡及び一般市街化区域農地の負担調整措置により生じている不均衡等の課題があるものの、負担調整措置の実施状況の現状及び地価の動向を踏まえつつ、現下の最優先の政策がデフレ脱却であること等にも配慮して、条例減額制度を含め平成24年度の税制改正で講じられた負担調整の仕組みを継続することとされています。

13 農地に対する固定資産税の課税

(1) 農地に対する課税の概要

　農地に対する評価及び課税については、農地の区分によって異なる仕組みがとられており次のようになっています。

農地の区分			評価	負担調整
農地	一般農地（田・畑）		農地評価	農地方式
	市街化区域農地	一般市街化区域農地	宅地並評価	一般農地に準じた方式
		三大都市圏の特定市の市街化区域農地（特定市街化区域農地）	宅地並評価	宅地類似方式
	介在農地（田・畑）		宅地並評価	宅地類似方式

（注）一般農地（田・畑）のうちの勧告遊休農地については、評価は農地評価で負担調整を適用しないこととされています。

(2) 農地に対する税負担の調整措置

　① 一般農地（地法附則 19）

　② 一般市街化区域農地（地法附則 19、29 の 7）

　③ 特定市街化区域農地（地法附則 19 の 4 ②）

14 賦課徴収

(1) 賦課

　① 賦課期日

　　固定資産税の賦課期日とは、固定資産税の課税客体、課税団体、納税義務者、課税標準等、各種の課税要件を確定するための現在日をいい、その年度の初日の属する年の 1 月 1 日とされています（地法 359）ので、固定資産税は、賦課期日現在の固定資産に対し、その固定資産の価格を課税標準として、同日現在においてその固定資産の所有者として固定資産課税台帳に登録されている者に対し、同日現在においてその固定資産が所在する市町村が課税することになります。

　② 賦課の期間制限

　　固定資産税に係る賦課決定は、法定納期限（第 1 期分の納期限）の翌日から起算して 5 年を経過した日以後においては、することができません（地法 17 の 5 ⑤）。

　③ 納期

　　固定資産税の納期は、4 月、7 月、12 月及び 2 月中において、市町村の条例で定める日です。ただし、特別の事情がある場合には、これと異なる納期を定めることができます（地法 362 ①）。

(2) 徴収の方法

　① 普通徴収

　　固定資産税は、普通徴収の方法により徴収されます（地法 364 ①）

ので、市町村は、その税額を計算して賦課決定し、その税額や各納期における納付額、納期限等を記載した納税通知書を納税者に交付して、これを徴収することになります。

　また、この納税通知書は、遅くとも納期限前10日までに納税者の交付（例えば、納期限が4月30日であれば、10日間の余裕期間をおいて4月20日までに交付）しなければなりません（地法364⑨）。

② **課税明細書の交付**

　市町村長は、土地又は家屋に対して課税する固定資産税を徴収しようとする場合には、次の事項を記載した課税明細書を、遅くとも納期限前10日までに納税者の交付しなければなりません（地法364③、④、地法附則15の4、16）。

（イ）土地　⇒　所在、地番、地目、地積、価格、課税標準額、軽減税額
（ロ）家屋　⇒　所在、家屋番号、種類、構造、床面積、価格、課税標準額、軽減税額

　なお、税負担の調整措置の適用を受ける土地については、前年度分の課税標準額、その調整措置適用後のその年度分の課税標準額及び条例により税額を減額する場合のその減額する額を記載しなければなりません（地法附則27の5）。

③ **固定資産税における仮徴収**

　市町村は、一定の事由に該当する場合には、一定の方法によりその年度に係る固定資産税について、仮徴収することができます（地法364⑤、⑦、地規15の5）。

④ **納期前納付および前納奨励金**

　固定資産税については、前納が認められており、この前納があった場合、市町村は、一定の方法により、前納奨励金を交付することができます（地法365①②③）。

(3) 減免

　市町村長は、次に掲げる者に限り、その市町村の条例の定めるところにより、固定資産税を減免することができます（地法367）。

3 都市計画税

1 概要

　都市計画税は、都市計画事業又は土地区画整理事業を行う市町村が、その事業に要する費用に充てるため、これらの事業が行われる都市計画区域内に所在する土地及び家屋に対して課税する目的税です。

　都市計画税を課税するか否か、あるいはその税率水準をどの程度にするかについては、地域における都市計画事業等の実態に応じ、市町村の自主的判断（条例事項）に委ねられています。

2 課税客体等

　都市計画税は、都市計画法第5条の規定により都市計画区域として指定された区域のうち原則として同法第7条第1項に規定する市街化区域内に所在する土地及び家屋を課税客体として、その土地及び家屋の所有者を納税義務者として、その土地及び家屋の所在する市町村（特別区の存する区域においては東京都）が課税します。

(1) 課税区域

　課税区域は、次のとおりとされています（地法702）。

① **線引きが行われている区域**
　　(イ)市街化区域　　　⇒　全域
　　(ロ)市街化調整区域　⇒　特別の事情(*)があるとして条例で定める
　　　　　　　　　　　　　　地域

(＊)市街化調整区域内に所在する土地及び家屋の所有者に対して都市計画税を課税しないことがその市街化区域内に所在する土地及び家屋の所有者に対して都市計画税を課税することとの均衡を著しく失すると認められる事情とされています。

② 非線引きの区域

(ハ)都市計画事業の受益が及ぶ区域として条例で都市計画区域の全部又は一部の区域を課税区域として定めた場合の区域

(2) 課税客体及び納税義務者

課税客体は課税区域内の所在する土地及び家屋であり、納税義務者は課税対象となる土地及び家屋の所有者です（地法702）。

3 非課税の範囲

(1) 人的非課税

次に掲げる者は非課税とされています（地法702の2①）。

国、非課税独立行政法人、国立大学法人等及び日本年金機構並びに都道府県、市町村、特別区、これらの組組合、財産区、合併特例区及び地方独立行政法人

(2) 物的非課税

次の規定により固定資産税を課税することができない土地又は家屋は、非課税とされています（地法702の2②）。

① 地方税法第348条第2項から第5項まで、第7項若しくは第9項または同法附則第14条（物的非課税）

② 地方税法第351条（固定資産税の免税点）

4 課税標準

課税標準は、課税客体である土地及び家屋の価格(＊)です（地法702①、②）。

(＊)この価格は、土地又は家屋に係る固定資産税の課税標準となるべき価格です。

なお、固定資産税の課税標準の特例の対象となる住宅用地等に対しては、課税標準の特例措置が講じられています（地法702の3）。

5 税率

税率は、課税市町村の条例で定めることになりますが、0.3％を超えることができないとされています（地法702の4）。

6 賦課期日及び納期

(1) 賦課期日

賦課期日は、その年度の初日の属する年の1月1日です（地法702の6）。

(2) 納期

固定資産税の納期と同様であり、それは、4月、7月、12月及び2月中において、その市町村の条例で定める日とされています。ただし、特別の事情がある場合には、これと異なる納期を定めることができます（地法702の7）。

7 賦課徴収等

都市計画税の賦課徴収等は、次のとおりです（地法702の8）。

(1) 都市計画税の賦課徴収は、固定資産税の賦課徴収の例によるものとされています。特別の事情がある場合を除くほか、固定資産税の賦課徴収とあわせて行います。この場合、還付加算金、納期前の納付に関する報奨金又は延滞金の計算については、都市計画税及び固定資産税の額の合算額によって行います。

(2) 都市計画税の賦課徴収に関する修正の申出及び不服申立て並びに出訴

については、固定資産税の賦課徴収に関する修正の申出及び不服申立て並びに出訴の例によります。
(3) 都市計画税の納税義務者は、都市計画税に係る地方団体の徴収金を、固定資産税に係る地方団体の徴収金の納付の例により納付するものとされています。特別の事情がある場合を除くほか、固定資産税に係る地方団体の徴収金とあわせて納付することとなります。
(4) 都市計画税を固定資産税とあわせて賦課徴収する場合においては、その都市計画税の賦課徴収に用いる納税通知書、納期限変更告知書、督促状その他の文書は、固定資産税の賦課徴収に用いるそれらの文書をあわせて作成します。

8 土地に対する負担調整措置

　土地に係る平成27年度から平成29年度までの各年度分の都市計画税については、固定資産税と同様の税負担の調整措置（条例による減額措置を含みます。）が講じられています（地法附則25、25の3、26、27の2、27の4の2）。

第5章

自動車と税金

1 自動車取得税

1 概要

　自動車取得税は、都道府県が、自動車の取得に対し、その自動車の取得者に課税する都道府県税であり、この税は、自動車の取得という事実に担税力を見出して課税される流通税です。

　なお、自動車取得税は、平成28年度税制改正において、消費税率等の10％への引上げがなされる平成29年3月31日をもって廃止されることとなりましたが、消費税率等の10％への引上げ時期が平成31年10月1日まで延期されたことから、平成31年9月30日をもって廃止されることとなります。

2 課税客体

(1) 課税対象となる自動車

　自動車取得税の課税客体は、自動車の取得とされています。

　この場合、次の①に掲げる自動車が課税の対象となり（地法113②）、②に掲げる自動車は対象とされていません。

　なお、自動車は、新車であると中古車であるとを問いません。

① **課税の対象となる自動車**

　　道路運送車両法第3条の自動車のうち次に掲げるもの

　(イ)普通自動車

　(ロ)小型自動車（二輪のものを除きます。）

（ハ）軽自動車（二輪のものを除きます。）
② **課税の対象とならない自動車**
道路運送車両法第3条の自動車のうち次に掲げるもの
（イ）大型特殊自動車
（ロ）小型特殊自動車
（ハ）小型自動車及び軽自動車のうち二輪のもの（側車付二輪自動車を含みます。）

(2) 自動車の付加物の取扱い

自動車には、自動車に付加して一体となっている次に掲げるものが含まれます（地法113②、地令42）。
① ラジオ、ヒーター、クーラー、時計、ウインドウオッシャーその他自動車に取り付けられる自動車の附属物
② 特殊の用途にのみ用いられる自動車に装備される特別な機械又は装置のうち人又は物を運送するために用いられるもの

(3) 自動車の取得とは

自動車取得税の課税客体である自動車の取得とは、次の①に掲げる取得をいい、②に掲げる取得は自動車の取得に含まれません。
① **自動車取得税の課税客体である自動車の取得に含まれる自動車の取得**
自動車の所有権の取得をいいます。この場合、その取得は有償か無償かを問わず、すべての所有権の取得をいいます。
② **自動車取得税の課税客体である自動車の取得に含まれない自動車の取得**
次の自動車の取得は、課税客体である自動車の取得に含まれません（地法113②、地令42の2）。
（イ）自動車製造業者の製造による自動車の取得（商品自動車の所有権の取得）

(ロ) 自動車販売業者の販売のための自動車の取得（商品自動車の所有権の取得）

(ハ) 道路以外の場所のみにおいてその用い方に従い用いられる自動車その他運行の用に供されない自動車の取得

3 納税義務者

　自動車取得税は、自動車の取得者に対して課税される（地法113①）ことから、自動車の所有権を取得した者が自動車取得税の納税義務者となります。

　ただし、次に掲げる自動車の取得とみなされる行為があった場合には、この行為を自動車の取得とみなし、それぞれに掲げる者を自動車の取得者とみなして、自動車取得税が課税されます（地法114）。

(1) 自動車の所有権留保付売買契約の締結

　⇒　買主

(2) 所有権留保付売買契約により売買されている自動車についての買主を変更する契約の締結

　⇒　新しく買主となる者

(3) 次に掲げる行為

　次の者がそれぞれ次の自動車について新規登録を受けたとき、自動車検査証の交付を受けたとき又は軽自動車の使用の届出をしたときは、これらの新規登録、自動車検査証の交付又は届出を運行の用に供することとみなします。

　① 自動車製造業者が、製造により取得した自動車を運行の用に供すること

　　⇒　運行の用に供する者（製造業者）

　② 自動車販売業者が、販売のために取得した自動車を運行の用に供す

ること

　　⇒　運行の用に供する者（販売業者）

③　運行の用に供しない自動車を取得した者が、その自動車を運行の用に供すること

　　⇒　運行の用に供する者

(4) 国外で自動車を取得した者が、その自動車を国内に持ち込んで運行の用に供すること

　　⇒　運行の用に供する者

4 課税団体

　自動車取得税の課税団体は、その自動車の主たる定置場所在の都道府県とされています（地法113①）。

　なお、自動車の主たる定置場とは、自動車を使用しない場合、主として自動車を止めて置く場所をいいますが、具体的には、次に掲げる場所が主たる定置場とされます（取扱通知（県）8章3）。

(1) 登録自動車

　自動車の取得者のその自動車の使用の本拠の位置として道路運送車両法第6条の自動車登録ファイルに登録された場所

(2) 軽自動車

　自動車の取得者のその自動車の使用の本拠の位置として自動車検査証又は軽自動車届出済証に記載された場所

5 非課税

　自動車取得税における非課税措置は、次のとおりです。

(1) 次の者の自動車の取得に対しては、自動車取得税は課税されません（地法115①）。

国、非課税独立行政法人、国立大学法人等及び日本年金機構並びに都道府県、市町村、特別区、これらの組合、財産区、合併特例区及び地方独立行政法人

なお、地方公共団体の行う地方公営企業の用に供するための自動車の取得及び地方独立行政法人の行う自動車運送事業等の業務の用に供するための自動車の取得は非課税とされません（地令42の3）。

(2) 次に掲げる自動車の取得に対しては、自動車取得税は課税されません（地法115②）。

①	相続（被相続人から相続人に対してされた遺贈を含みます。）に基づく自動車の取得
②	法人の合併又は一定の分割に基づく自動車の取得
③	法人が新たに法人を設立するために現物出資を行う場合の自動車の取得
④	会社更生法又は更生特例法による更生計画において株式会社、協同組織金融機関又は相互会社から新株式会社、新協同組織金融機関又は新相互会社に移転すべき自動車を定めた場合における新株式会社、新協同組織金融機関又は新相互会社のその自動車の取得
⑤	受託者から委託者に信託財産を移す場合の自動車の取得
⑥	信託の効力が生じた時から引き続き委託者のみが信託財産の元本の受益者である信託により受託者から元本の受益者(*)に信託財産を移す場合の自動車の取得 （*）その信託の効力が生じた時から引き続き委託者である者に限ります。
⑦	信託の受託者の変更があった場合の新受託者の自動車の取得
⑧	保険業法の規定によって会社がその保険契約の全部の移転契約に基づいて自動車を移転する場合のその自動車の取得
⑨	譲渡担保財産により担保される債権の消滅によりその譲渡担保財産の設定の日から6月以内に譲渡担保権者から譲渡担保財産の設定者にその譲渡担保財産を移転する場合の自動車の取得

(3) 一般乗合旅客自動車運送事業を経営する者が、都道府県の条例で定める路線の運行の用に供する一般乗合用のバスを平成31年3月31日までに取得した場合には、自動車取得税は非課税とされています（地法附則

12の2①)。

6 課税標準

(1) 取得価額

自動車取得税の課税標準については、自動車の取得価額とされており(地法118①)、自動車の取得者が自動車の取得の対価として支払う金額をいいます。

(2) 通常の取引価額

次に掲げる自動車の取得については、その自動車の取得価額がないか、又は取引価額を課税標準とすることが不適当であることから、その取得時におけるその自動車の通常の取引価額(*)を取得価額とみなして、自動車取得税が課税されます(地法118②、地令42の5、取扱通知(県)8章5(1))。

① 無償でされた自動車の取得
② 自動車を譲渡した者が自動車を取得した者の親族その他一定の関係者である場合の自動車の取得でその取得価額が通常の取引価額と異なる自動車の取得
③ 自動車の製造会社又は販売会社の従業員等がその会社から購入する場合の取得、自動車を取得する者が自動車を譲渡する者に対し、別途、無償又は廉価で物又は役務を提供している場合の取得等特別な事情がある場合における自動車の取得で、その取得価額が通常の取引価額と異なる自動車の取得
④ 代物弁済契約による自動車の取得
⑤ 交換契約による自動車の取得
⑥ 負担付贈与契約による自動車の取得
⑦ 自動車製造業者、自動車販売業者等が製造した自動車又は商品として取得した自動車を運行の用に供した場合のみなし取得

⑧　外国で自動車を取得した者がその自動車を国内に持ち込んで運行の用に供した場合のみなし取得

（＊）通常の取引価額とは、その自動車を自動車の小売販売業者が通常の取引形態により、購入者に対し自由に販売のため提供するものとした場合におけるその自動車の販売価額に相当する金額をいいます（地規8の14）。

(3) 課税標準の特例

一般乗合旅客自動車運送事業を経営する者が路線定期運行の用に供する自動車のうち、一定のノンステップバス（新車に限ります。）で、平成31年3月31日までに取得したものなどの自動車の取得に係る自動車取得税については、その取得価額から1,000万円を控除するなどの特例措置が設けられています（地法附則12の2の4⑥～⑫）。

7 税率及び免税点

(1) 税率

自動車取得税の税率については、一定税率（3％）とされています（地法119）。

ただし、当分の間、営業用自動車（軽自動車を除きます。）及び軽自動車の取得については、2％とされています（地法附則12の2の2①）。

自動車取得税の税率は、次のとおりです。

①　営業用自動車及び軽自動車　⇒　2％
②　自家用自動車　　　　　　　⇒　3％

(2) 免税点

自動車取得税においては、低額な自動車を取得する場合の負担の軽減を図るため、免税点制度が設けられており、その取得価額がこの免税点以下である自動車の取得に対しては、自動車取得税は課税されません（地法120、地法附則12の2の3）。

具体的には、次のとおりです。

① 本則免税点 ⇒ 15万円
② 特例免税点（平成30年3月31日までの間に行われた自動車の取得）
　⇒ 50万円

8 低公害車及び低燃費車等に対する特例措置

　排出ガス性能及び燃費性能の優れた環境への負荷の小さい電気自動車等（新車に限ります。）の取得については、その自動車の取得が平成31年3月31日までの間に行われたときに限り、非課税又は一定の税率軽減の特例措置が講じられています（地法附則12の2②③、12の2の2②〜⑧）。

　また、一定の環境対応の中古車の取得については、その自動車の取得が平成31年3月31日までの間に行われたときに限り、その取得価額からの一定額を控除するなどの特例措置が講じられています（地法附則12の2の4①〜⑤）。

9 徴収の方法

(1) 申告納付

　自動車取得税の納税義務者は、自動車の取得の区分に応じ、それぞれに定める時又は日までに、自動車取得税の課税標準額及び税額その他必要な事項を記載した申告書（総務省令第16号の9様式）を都道府県知事に提出し、その申告した税額を納付しなければなりません（地法122、地規8の15〜8の17）。

(2) 自動車取得税の納付方法

　自動車取得税の納付は、次によります（地法124）。

① 証紙による納付
　自動車取得税の納税義務者は、自動車取得税額及びこれに係る延滞

金額を納付する場合には、申告書又は修正申告書に都道府県が発行する証紙を貼らなければなりません。

ただし、都道府県の条例により自動車取得税及びこれに係る延滞金額に相当する金額を証紙代金収納計器で表示させる納付の方法が定められている場合には、これによることができます。

② **現金による納付**

都道府県が自動車取得税額の納付について、証紙に代えて、その自動車取得税額に相当する金額を納付することができる旨を条例で定めている場合には、その自動車取得税額を現金によって納付することができます。

10 自動車取得税の免除

次の場合には、自動車取得税の納税義務が免除されます（地法125、126、地規8の19）。

① 譲渡担保権者が譲渡担保財産として自動車を取得した場合、担保債権の消滅によりその取得の日から6月以内に譲渡担保財産の設定者にその自動車を移転した場合

② 自動車販売業者から自動車を取得した者が、一定の理由により、自動車の取得の日から1月以内にその自動車をその自動車販売業者に返還した場合

11 自動車取得税の市町村に対する交付

都道府県は、自動車取得税の税収入の一部を市区町村に交付します（地法143①）。

また、道路法第7条第3項に規定する指定市を包括する措定道府県は、これらの指定市に対して、これらの道路に応ずる分の税収入の一部を交付

します（地法143②）。

2 自動車税

1 自動車税

　自動車税は、自動車の所有者に対し、主たる定置場所在の都道府県が課税する都道府県税です。

　この税は、自動車の所有の事実に担税力を見出して課税される税であり、課税客体を自動車としていることから、資産税としての性格を有するとともに、道路損傷負担金的な性格を併せ持っています。

(1) 課税対象となる自動車

　自動車税の課税対象となる自動車は、道路運送車両法の適用を受ける自動車（二輪の小型自動車、軽自動車、大型特殊自動車及び小型特殊自動車(*)を除きます。）です（地法145①、地令44）。

　なお、その具体的認定にあたっては、道路運送車両法第4条の規定による登録の有無によって差し支えありません（取扱通知（県）10章1）。

(*)二輪の小型自動車、軽自動車及び小型特殊自動車については軽自動車税（市町村税）の課税対象となり、また、大型特殊自動車については固定資産税（市町村税）の課税対象となります。

(2) 納税義務者

　自動車税の納税義務者は、次の者です（地法145）。

① 自動車の所有者

② 自動車の所有者とみなされる者

　　これは、自動車の売買があった場合に、売主がその自動車の所有権

を留保しているとき、例えば、所有権留保付割賦販売の場合は、その自動車を現実に利用している買主がその自動車の所有者とみなされて、自動車税が課税されます（地法145②）。

(3) 課税団体

自動車税の課税団体は、自動車の主たる定置場所在の都道府県です（地法145①）。

(4) 非課税の範囲

自動車税の非課税の範囲は、次のとおりです（地法146）。

① 国、非課税独立行政法人、国立大学法人等及び日本年金機構並びに都道府県、市町村、特別区、これらの組合、財産区、合併特例区及び地方独立行政法人の所有する自動車

　なお、これらの者が所有する自動車をそれ以外の者が貸与を受けて使用する場合には、その自動車が公用又は公共の用に供されるものを除き、その使用者に対して自動車税が課税されます（地法145③）

② 日本赤十字社が所有する自動車のうち直接その本来の事業の用に供する救急自動車その他これに類するもので都道府県の条例で定めるもの

(5) 税率

自動車税の税率については、次のとおり、地方税法において標準税率が定められています。各都道府県は、この標準税率を基準として条例で定めることとなります。

なお、都道府県は、この標準税率を超える税率で自動車税を課税する場合には、標準税率の1.5倍超の税率で課税することはできません（地法147④）

① **標準税率**

　自動車税の税率は、自動車1台について、それぞれ次表に定める額

とされています（地法147）。

(イ) 乗用車（三輪の小型自動車であるものを除きます。）

		総排気量区分	標準税率（年額）
営業用	①	〜 1リットル以下	7,500 円
	②	1リットル超 〜 1.5リットル以下	8,500 円
	③	1.5リットル超 〜 2リットル以下	9,500 円
	④	2リットル超 〜 2.5リットル以下	13,800 円
	⑤	2.5リットル超 〜 3リットル以下	15,700 円
	⑥	3リットル超 〜 3.5リットル以下	17,900 円
	⑦	3.5リットル超 〜 4リットル以下	20,500 円
	⑧	4リットル超 〜 4.5リットル以下	23,600 円
	⑨	4.5リットル超 〜 6リットル以下	27,200 円
	⑩	6リットル超 〜	40,700 円
自家用	①	〜 1リットル以下	29,500 円
	②	1リットル超 〜 1.5リットル以下	34,500 円
	③	1.5リットル超 〜 2リットル以下	39,500 円
	④	2リットル超 〜 2.5リットル以下	45,000 円
	⑤	2.5リットル超 〜 3リットル以下	51,000 円
	⑥	3リットル超 〜 3.5リットル以下	58,000 円
	⑦	3.5リットル超 〜 4リットル以下	66,500 円
	⑧	4リットル超 〜 4.5リットル以下	76,500 円
	⑨	4.5リットル超 〜 6リットル以下	88,000 円
	⑩	6リットル超 〜	111,000 円

(ロ) トラック（三輪の小型自動車であるものを除きます。）

		最大積載量等区分	標準税率（年額）
営業用	①	〜 1トン以下	6,500 円
	②	1トン超 〜 2トン以下	9,000 円
	③	2トン超 〜 3トン以下	12,000 円
	④	3トン超 〜 4トン以下	15,000 円

		⑤	4トン超 ～ 5トン以下	18,500 円
		⑥	5トン超 ～ 6トン以下	22,000 円
		⑦	6トン超 ～ 7トン以下	25,500 円
		⑧	7トン超 ～ 8トン以下	29,500 円
		⑨	8トン超 ～	29,500 円に最大積載量が8トンを超える部分1トンまでごとに4,700円を加算した額
	自家用	①	～ 1トン以下	8,000 円
		②	1トン超 ～ 2トン以下	11,500 円
		③	2トン超 ～ 3トン以下	16,000 円
		④	3トン超 ～ 4トン以下	20,500 円
		⑤	4トン超 ～ 5トン以下	25,500 円
		⑥	5トン超 ～ 6トン以下	30,000 円
		⑦	6トン超 ～ 7トン以下	35,000 円
		⑧	7トン超 ～ 8トン以下	40,500 円
		⑨	8トン超 ～	40,500 円に最大積載量が8トンを超える部分1トンまでごとに6,300円を加算した額
けん引自動車	営業用	①	小型自動車であるもの	7,500 円
		②	普通自動車であるもの	15,100 円
	自家用	③	小型自動車であるもの	10,200 円
		④	普通自動車であるもの	20,600 円
被けん引自動車	営業用	①	小型自動車であるもの	3,900 円
		②	普通自動車であるもので最大積載量が8トン以下のもの	7,500 円
		③	普通自動車であるもので最大積載量が8トンを超えるもの	7,500 円に最大積載量が

			8トンを超える部分1トンまでごとに3,800円を加算した額
自家用	① 小型自動車であるもの		5,300円
	② 普通自動車であるもので最大積載量が8トン以下のもの		10,200円
	③ 普通自動車であるもので最大積載量が8トンを超えるもの		10,200円に最大積載量が8トンを超える部分1トンまでごとに5,100円を加算した額

（＊）トラックのうち最大乗車定員が4人以上であるものについては、上記税率に次の区分に応じた額が加算されます（地法147②）。

		総排気量区分	標準税率（年額）
営業用	①	〜　1リットル以下	3,700円
	②	1リットル超　〜　1.5リットル以下	4,700円
	③	1.5リットル超　〜	6,300円
自家用	①	〜　1リットル以下	5,200円
	②	1リットル超　〜　1.5リットル以下	6,300円
	③	1.5リットル超　〜	8,000円

(ハ)バス（三輪の小型自動車であるものを除きます。）

			乗車定員区分	標準税率（年額）
営業用	一般乗合用のもの	①	〜　30人以下	12,000円
		②	30人超　〜　40人以下	14,500円
		③	40人超　〜　50人以下	17,500円
		④	50人超　〜　60人以下	20,000円
		⑤	60人超　〜　70人以下	22,500円
		⑥	70人超　〜　80人以下	25,500円
		⑦	80人超　〜	29,000円

一般乗合用以外のもの	①	～ 30人以下	26,500 円
	②	30人超 ～ 40人以下	32,000 円
	③	40人超 ～ 50人以下	38,000 円
	④	50人超 ～ 60人以下	44,000 円
	⑤	60人超 ～ 70人以下	50,500 円
	⑥	70人超 ～ 80人以下	57,000 円
	⑦	80人超 ～	64,000 円
自家用	①	～ 30人以下	33,000 円
	②	30人超 ～ 40人以下	41,000 円
	③	40人超 ～ 50人以下	49,000 円
	④	50人超 ～ 60人以下	57,000 円
	⑤	60人超 ～ 70人以下	65,500 円
	⑥	70人超 ～ 80人以下	74,000 円
	⑦	80人超 ～	83,000 円

(ニ) 三輪の小型自動車

営業用と自家用の区分	標準税率（年額）
① 営業用	4,500 円
② 自家用	6,000 円

② **積雪地域における税率の特例**

　積雪により、通常、一定の期間において自動車を運行の用に供することができないと認められる地域に主たる定置場を有する自動車に対して課税される自動車税の標準税率は、次の算式により算定します（地法147③、地令44の2）。

〔算式〕

$$上記①の税率 \times \left\{ \frac{10}{10} - [A] \times \frac{0.75}{10} \right\}^{(*)}$$

> A：積雪により自動車を運行の用に供することができない期間
>   の月数（4ヶ月が限度）

（＊）上記算式の｛　｝の割合は、10 分の 7 を下回ることができないとされています。

③ **自動車税のグリーン化**

　自動車税については、排ガス性能及び燃費性能の優れた環境負荷の小さい自動車は税率を軽減し、新車新規登録から一定年数を経過した環境負荷の大きい自動車は税率を重くする特例措置（いわゆる自動車税のグリーン化）が、次に掲げる区分に応じ、それぞれ講じられています（地法附則 12 の 3、地規附則 5、5 の 2）。

（イ）環境負荷の小さい自動車

　平成 29 年度及び平成 30 年度において新車新規登録を受けた次のイ及びロの自動車については、次のとおり自動車税が軽減されます。

イ．次に掲げる自動車については、その登録の翌年度にその税率の概ね 75％が軽減されます。

　（a）電気自動車

　（b）天然ガス自動車のうち平成 30 年天然ガス車基準に適合又は平成 21 年天然ガス車基準に適合し、かつ、窒素酸化物の排出量が同基準値より 10％以上少ないもの

　（c）プラグインハイブリッド自動車

　（d）窒素酸化物の排出量が平成 30 年排出ガス基準値より 50％以上又は平成 17 年ガソリン軽中量車基準値より 75％以上少ない自動車のうち、燃費性能が平成 32 年燃費基準値より 30％以上良いもの

　（e）クリーンディーゼル自動車（平成 21 年軽油軽中量車基準又は

平成30年軽油軽中量車基準に適合したもので、乗用車に限ります。)

ロ．窒素酸化物の排出量が平成30年排出ガス基準値より50％以上又は平成17年排出ガス基準値より75％以上少ない自動車のうち、燃費性能が平成32年度燃費基準値より10％以上良いもの（イの（ｄ）に該当するものを除きます。）については、その登録の翌年度にその税率の概ね50％を軽減します。

(ロ) 環境負荷の大きい自動車

次に掲げる自動車（電気自動車、天然ガス自動車、メタノール自動車、混合メタノール自動車及びハイブリット自動車のうちガソリンを燃料とするもの並びに一般集合用及び被けん引自動車を除きます。）については、平成30、31年度分の自動車税について、バス及びトラックについてはその税率の概ね10％を、バス及びトラック以外の自動車についてはその税率の概ね15％が重課されます。

イ．ガソリン自動車又はLPG自動車で平成18年3月31日までに新車新規登録を受けたもので新車新規登録から13年を超えているもの

ロ．軽油自動車その他のイに掲げる自動車以外の自動車（平成20年3月31日までに新車新規登録を受けたもの）で新車新規登録から11年を超えているもの

(6) 賦課期日及び納期

自動車税の賦課期日及び納期は、次のとおりです（地法148、149）。

① 賦課期日は、4月1日です。
② 納期は、5月中において、その都道府県の条例で定める日です。ただし、都道府県は、特別の事情がある場合は、これと異なる納期を定めることができます。

(7) 自動車税における月割課税制度

自動車税の賦課期日は、4月1日とされていることから、自動車税は、賦課期日現在において自動車を所有している者に対し、年税額によって課税されます。

ただし、自動車税には、月割課税制度が設けられており、賦課期日後（4月1日午前零時後をいいます。）において、自動車（未登録者）を購入した場合（新規登録）、自動車を滅失解体した場合（抹消登録）、自動車（登録車）の所有者の変更があった場合（移転登録）又は主たる定置場が一の都道府県から他の都道府県に変更した場合（変更登録）等には、一定の区分により、月割計算をして、自動車税が課税されます（地法150①、②、④）。

(8) 徴収の方法

① 普通徴収

自動車税は、次の②の証紙徴収による場合を除き、普通徴収の方法により徴収されます（地法151①）。

都道府県は、自動車税の額を計算して賦課決定し、その税額及び納期等を記載した納税通知書を納税者に交付して、これを徴収することになります。

この場合、納税者に交付すべき納税通知書は遅くとも、その納期限前10日までに納税者に交付しなければなりません（地法151②）

② 証紙徴収

自動車税で賦課期日後翌年2月末までの間に納税義務が発生したものについては、証紙徴収の方法により徴収されます（地法151③、④）。

(9) 賦課徴収に関する申告又は報告の義務

自動車税の納税義務者は、一定の場合には、その賦課徴収に関し必要な事項を記載した申告書又は報告書（総務省令第16号の9号様式）を都道府県知事に提出しなければなりません（地法152）。

(10) 継続検査と自動車税の納付

　自動車について継続検査を申請する場合には、自動車税の徴収を確保するため、その継続検査の際には、自動車税の完納証明書を提示しなければなりません（道路運送車両法62①、97の2）。

2　自動車税（環境性能割）

　平成28年度の税制改正において、三輪以上の自動車の取得者に対し自動車税として課税される「環境性能割」が創設され、平成29年度分の自動車税から実施することとされていましたが、消費税率10％への引上げ時期の変更に合わせて、導入時期は平成31年10月1日に延期となりました（改正後の地法145等）。

3 軽自動車税

1 軽自動車税

　軽自動車税は、軽自動車等の所有者に対し、主たる定置場所在の市町村又は特別区（以下「市区町村」といいます。）が課税する市町村税です。
　この税は、軽自動車等の所有の事実に担税力を見出して課税される税であり、課税客体を軽自動車等としていることから、資産税としての性格を有するとともに、道路損傷負担金的な性格を併せ持っています。

(1) 課税客体

　軽自動車税は、原動機付自転車、軽自動車、小型特殊自動車及び二輪の小型自動車（以下「軽自動車等」といいます。）に対して課税されます（地法442の2）。
　なお、軽自動車等の規格等は、次のとおりです。

① **原動機付自転車**

　　次の総排気量又は定格出力を有する原動機により陸上を移動させることを目的として製作した用具で軌条又は架線を用いないもの等をいいます（地法442一、道路運送車両法2③、道路運送車両法施行規則1）。

　（イ）内燃機関を原動機とするもの

　　　二輪を有するもの（側車付のものを除きます。）は、その総排気量が0.125リットル以下、その他のものは0.050リットル以下であること。

　（ロ）内燃機関以外のものを原動機とするもの

二輪を有するもの（側車付のものを除きます。）は、その定格出力が1.00キロワット以下、その他のものは0.60キロワット以下であること。

② **軽自動車**

道路運送車両法第3条に規定する軽自動車で、次に掲げる基準の適合するものをいいます（地法442二、道路運送車両法施行規則別表第1）。

(イ) 二輪自動車（側車付二輪自動車を含みます。）以外の自動車及び被けん引自動車で自動車の大きさが次に該当するもののうち大型特殊自動車及び小型特殊自動車以外のもの

ただし、内燃機関を原動機とする自動車は、その総排気量が0.660リットル以下のものに限られます。

・長さ　3.40メートル以下
・幅　　1.48メートル以下
・高さ　2.00メートル以下

(ロ) 二輪自動車（側車付二輪自動車を含みます。）で自動車の大きさが次に該当するもののうち大型特殊自動車及び小型特殊自動車以外のもの

ただし、内燃機関を原動機とする自動車は、その総排気量が0.250リットル以下のものに限られます。

・長さ　2.50メートル以下
・幅　　1.30メートル以下
・高さ　2.00メートル以下

③ **小型特殊自動車**

道路運送車両法第3条に規定する小型特殊自動車で、次に掲げる基準に適合するものをいいます（地法442三、道路運送車両法施行規則別表第1）。

(イ) ショベル・ローダ、タイヤ・ローラ、ロード・ローラ、グレーダ、ロード・スタビライザ、スクレーパ、ロータリ除雪自動車、アスファルト・フィニッシャ、タイヤ・ドーザ、モータ・スイーパ、ダンパ、ホイール・ハンマ、ホイール・ブレーカ、フォーク・リフト、フォーク・ローダ、ホイール・クレーン、ストライドル・キャリア、ターレット式構内運搬自動車、自動車の車台が屈折して操向する構造の自動車、国土交通大臣の指定する構造のカタピラを有する自動車及び国土交通大臣の指定する特殊な構造を有する自動車であって、自動車の大きさが次に該当するもののうち最高速度 15 キロメートル毎時以下のもの

・長さ　4.70 メートル以下
・幅　　1.70 メートル以下
・高さ　2.80 メートル以下

(ロ) 農耕トラクタ、農業用薬剤散布車、刈取脱穀作業車、田植機及び国土交通大臣の指定する農耕作業用自動車であって、最高速度 35 キロメートル毎時未満のもの

④ 二輪の小型自動車

道路運送車両法第 3 条に規定する小型自動車のうち二輪自動車（側車付二輪自動車を含みます。）をいいます（地法 442 四）。

(2) 納税義務者

軽自動車税の納税義務者は、賦課期日（4 月 1 日）において軽自動車等を所有している次に掲げる者です（地法 442 の 2 ①、445 ①）。

① 軽自動車等の所有者
② 軽自動車等の所有者とみなされる者

これは、軽自動車等の売買があった場合に、売主がその軽自動車等の所有権を留保しているとき、例えば、所有権留保付割賦販売の場合

は、その軽自動車等を現実に使用又は収益をしている買主がその軽自動車等の所有者とみなされて、軽自動車税が課税されます（地法442の2②）。

(3) 課税団体

軽自動車税の課税団体は、軽自動車等の主たる定置場(*)所在の市区町村です（地法442の2①）。

(*) 主たる定置場とは、軽自動車等の運行を休止した場合、主として駐車する場所をいいます。その具体的認定においては、明確な反証がない限り、次によるものとされています（取扱通知（市）4章2）。

① 原動機付自転車及び小型特殊自動車については、その所有者の住所地に主たる定置場があるものとして取り扱われます。

② 軽自動車については、自動車検査証を交付されたものである場合にはこれに記載された使用の本拠の位置に、軽自動車届出済証を交付されたものである場合にはこれに記載された使用の本拠の位置に、その他の場合はその所有者の住所地に、それぞれその主たる定置場があるものとして取り扱われます。

③ 二輪の小型自動車については、自動車検査証を交付されたものである場合にはこれに記載された使用の本拠の位置に、その他の場合はその所有者の住所地に、それぞれその主たる定置場があるものとして取り扱われます。

(4) 非課税の範囲

軽自動車税の非課税の範囲は、次のとおりです（地法443）。

① 国、非課税独立行政法人、国立大学法人等及び日本年金機構並びに都道府県、市町村、特別区、これらの組合、財産区、合併特例区及び地方独立行政法人の所有する軽自動車等

② 日本赤十字社が所有する軽自動車等のうち直接その本来の事業の用

に供する救急自動車その他これに類するもので市区町村の条例で定めるもの

(5) 標準税率

軽自動車税の税率については、地方税法において標準税率が定められています。各市区町村は、この標準税率を基準として、条例で定めることとなりますが、その標準税率は、次に掲げる軽自動車等1台について、それぞれ次表に定める額とされています（地法444①）。

なお、市区町村は、この標準税率を超える税率で軽自動車税を課税する場合には、標準税率の1.5倍超の税率で課税することはできません（地法444②）

車種区分				標準税率（年額）
原動機付自転車 （125cc以下）	① 総排気量50cc以下のもの又は定格出力0.6kw以下のもの（④を除きます。）			2,000円
	② 二輪のもので、排気量50cc超90cc以下のもの又は定格出力0.6kw超0.8kw以下のもの			2,000円
	③ 二輪のもので、排気量90cc超のもの又は定格出力0.8kw超のもの			2,400円
	④ 三輪以上のもので、排気量20cc超のもの又は定格出力0.25kw超のもの			3,700円
軽自動車及び小型特殊自動車 （660cc以下）	① 二輪のもの（125cc超250cc以下）			3,600円
	② 三輪のもの			3,900円
	③ 四輪以上のもの	乗用	営業用	6,900円
			自家用	10,800円
		貨物用	営業用	3,800円
			自家用	5,000円
二輪の小型自動車（250cc超）				6,000円

(6) 軽自動車税のグリーン化

軽自動車税については、排ガス性能及び燃費性能の優れた環境負荷の小さい三輪以上の軽自動車は税率を軽減し、初回車両番号指定から13年を経過した環境負荷の大きい三輪以上の軽自動車は税率を重くする特例措置（いわゆる軽自動車税のグリーン化）が講じられています（地法附則30）。

(7) 賦課及び徴収の方法

① 賦課期日及び納期

軽自動車税の賦課期日及び納期は、次のとおりです（地法445）。

(イ) 賦課期日は、4月1日です。

(ロ) 納期は、4月中において、その市区町村の条例で定める日です。

ただし、特別の事情がある場合は、これと異なる納期を定めることができます。

なお、軽自動車税においては、賦課期日後に軽自動車等を所有することとなった場合又は賦課期日後に軽自動車等の所有権を失うこととなった場合でも、月割課税は行わないこととされています。

② 徴収の方法

(イ) 普通徴収

軽自動車税は、次の(ロ)の証紙徴収による場合を除き、普通徴収の方法により徴収されます（地法446①）。

市区町村は、軽自動車税の額を計算して賦課決定し、その税額及び納期等を記載した納税通知書を納税者に交付して、これを徴収することになります。

この場合、納税者に交付すべき納税通知書は遅くとも、その納期限前10日までに交付しなければなりません（地法446②）

(ロ) 証紙徴収

市町村は、軽自動車等のうち一定のものの軽自動車税について、

証紙徴収の方法により徴収します（地法446③〜⑥）。

(8) 継続検査と自動車税の納付

軽自動車及び二輪の小型自動車について継続検査を申請する場合には、軽自動車税の徴収を確保するため、その継続検査の際には、自動車税の完納証明書を提示しなければならないとされています（道路運送車両法62①、97の2）。

2 軽自動車税（環境性能割）

平成28年度の税制改正において、三輪以上の軽自動車の取得者に対し軽自動車税として課税される「環境性能割」が創設され、平成29年度分の軽自動車税から実施することとされていましたが、消費税率10％への引上げ時期の変更に合わせて、平成31年10月1日に延期となりました（改正後の地法442等）。

4 軽油引取税

1 概要

　軽油引取税は、都道府県が、特約業者又は元売業者からの軽油の引取り等に対して課する都道府県税です。この税は、流通課税の形態をとっており、その税の実質的な税負担は消費者に転嫁することを予定しています。

　なお、軽油引取税は、従来、目的税とされ、これを道路に関する費用に充てるとされていましたが、平成21年度の税制改正によって使途が特定されない普通税に改められました。

2 軽油等の意義

(1) 軽油

　燃料油は、その性状及び用途の相違によって、揮発油、灯油、軽油、重油の4種類に大別することができます。

　これらのうち、軽油とは、灯油と重油との中間の性状を有するもので、次の①から④までに掲げる規格のすべてに該当する炭化水素油をいいます（地法144①一、地令43）。

① 　温度15度において、0.8017を超え、0.8762に達するまでの比重を有すること。

　　なお、この炭化水素油には、軽油のほかに一般に灯油及び重油と称せられるものの相当部分が含まれます。

② 　分留性状90％留出温度が267度を超え、400度以下であること。

なお、これにより灯油と重油が除かれます。
　③　残留炭素分が0.2%以下であること。
　　　なお、これにより重油が除かれます。
　④　引火点が温度130度以下であること。
　　　なお、これにより潤滑油が除かれます。

(2) 炭化水素油

　軽油の定義における炭化水素油とは、炭素と水素のみからなる各種の炭化水素化合物を主成分とする混合物で、常温（温度15度）、常圧（水銀柱760メリメートル）において油状をなしているものをいい、次に掲げる物質は、軽油の範囲に含まれません（取扱通知（県）9章2(2)）。
　①　単一の炭化水素化合物（ベンゾール等）
　②　炭化水素化合物を主成分としない炭化水素とその他の物との混合物
　③　常温、常圧において気状（プロパンを主成分とする液化ガス）、固状又は半固状（パラフィン、ワセリン等）を呈する炭化水素の混合物

(3) 混和

　軽油引取税が課税されていない軽油に炭化水素油以外のものを混和した場合には、その混和により生じたものが課税対象になる軽油とみなされます（地法144②）。

　なお、これは、軽油のセタン価を向上させるため、硝酸又は亜硝酸アルキル、ニトロ化合物などが添加剤として用いられる場合又は軽油に環境対策の観点などから脂肪酸メチルエステル等が混合される場合においても適用されます（取扱通知（県）9章5）。

3 元売業者及び特約業者

(1) 元売業者

① 元売業者の指定

元売業者は、軽油の流通の中心をなしており、軽油引取税の課税制度の根幹を担っていることから、その指定については、次に掲げる者で、②の資格要件を備えているものについて、総務大臣が個別指定することとされています(地法144①二)。

(イ)軽油製造業者

(ロ)軽油輸入業者

(ハ)軽油販売業者

② 元売業者の資格要件

元売業者として総務大臣の指定を受けようとする者は、次の資格要件を備えていなければなりません(地法144の7①、地規8の29、8の30、8の31)。

(イ)軽油製造業者

軽油製造業者で次の基準に該当する者。

イ．石油の備蓄の確保等に関する法律第26条第1項の規定による届出を適正に行った者であること。

ロ．次のいずれかに該当すること。

(a)最近の3年における軽油の年間の製造量の平均が20万キロリットル以上であること。

(b)石油の備蓄の確保等に関する法律第26条第1項の規定による届出の日から起算して3年を経過しない者である場合は、申請の日の属する年の前年における軽油の年間製造量が20万キロリットル以上であること。

(ロ) 軽油輸入業者

　軽油輸入業者で次の基準に該当する者。

　イ．石油の備蓄の確保等に関する法律第16条の規定による登録を受けた者であること。

　ロ．最近の3年における軽油の年間の輸入量の平均が5万キロリットル以上であること。

(ハ) 軽油販売業者

　軽油販売業者で次のイ又はロの基準のいずれかに該当する者であること。

　イ．次のすべてに該当すること。

　　(a) 最近の3年における他の元売業者以外の者に対する軽油の年間の販売量の平均が30万キロリットル以上であること。

　　(b) その者との間に、その者から継続的に軽油の供給を受け、これを販売することを内容とする販売契約を締結している石油製品の販売業者で、他にこれと同様の販売契約を締結していないもの（以下「系列販売業者」といいます。）の数が150以上であること。

　　(c) 系列販売業者の主たる事務所又は事業所が30以上の都道府県に所在すること。

　　(d) 主として元売業者以外の者に対し軽油を販売するものであること。

　ロ．その行う事業によってその組合員又は会員のために奉仕することを目的とする全国を地区とする組合である場合においては、次のいずれかに該当すること。

　　(a) 主として免税軽油を取り扱う石油製品の販売業者と継続的に軽油の供給を行う販売契約を締結し、専らその販売業者に対

し軽油を販売するものであること。

　　（b）その組合員又は会員中の免税軽油使用者の数が30万以上であること。

③　**元売業者の指定又は指定の取消し**

　総務大臣は、元売業者としての資格を有する者のうち、次の（イ）の指定要件のすべてに該当するものについて、これらの者の申請に基づき、元売業者として指定することとされている（地法144の7①、地令43の7）ことから、元売業者の指定を申請しようとする者は、申請書に必要な書類を添付して、これを主たる事務所又は事業所所在地の都道府県知事を経由して総務大臣に提出しなければなりません（地規8の32①）。

　また、総務大臣は、元売業者が次の（ロ）に掲げる取消要件に該当するときは、元売業者の指定を取り消すことができることとされています（地法144の7②、地令43の8）。

　なお、総務大臣は、元売業者の指定をしたとき及び指定を取り消したときは、その旨を官報に公示することとされています（地規8の32③）。

（イ）指定要件

　イ．その事業を的確に遂行するに足りる経理的基礎を有することその他の事情から軽油引取税の徴収の確保に支障がないと認められること

　ロ．次のいずれにも該当しない者であること。

①	元売業者の指定を取り消された者で、その取消しの日から起算して2年を経過しないもの
②	元売業者の指定を取り消された者が法人である場合において、その取消しの原因となった事実があった日以前1年以内にその法人の役員であった者でその取消しの日から起算して2年を経過しないもの

③	国税又は地方税の滞納処分を受け、その滞納処分の日から起算して２年を経過しない者
④	国税若しくは地方税に関し罰金以外の刑に処せられ、又は通告処分を受け、その刑の執行を終わり、若しくは執行を受けることがなくなった日又はその通告の旨を履行した日から起算して３年を経過しない者
⑤	法人であって、その役員のうち①から④までのいずれかに該当する者があるもの

(ロ)取消要件

　イ．指定要件に該当しなくなったこと。

　ロ．次のいずれかに該当すること。

①	偽りその他不正の行為により指定を受けたこと。
②	元売業者の資格要件に該当しなくなったこと。
③	１年以上引き続き軽油の製造、輸入又は販売をしていないこと。
④	元売業者又は元売業者の代理人、使用人その他の従業者（以下「代理人等」といいます。）が帳簿書類その他の物件の検査又は見本品の軽油の採取を拒み、妨げ、又は忌避したこと。
⑤	元売業者又は代理人等が虚偽の記載又は記録をした帳簿書類を提示したこと。
⑥	元売業者又は代理人等が徴税吏員等の質問に対し、答弁をしないこと又虚偽の答弁をしたこと。
⑦	都道府県知事の承認を受けないで軽油の製造等を行い、又は偽りその他不正の手段によりその製造等の承認を受けたこと。
⑧	軽油の製造等に関する事実又は軽油の引取り、引渡し等についての帳簿の記載をせず、若しくは偽り、又はその帳簿を隠匿したこと。
⑨	供給者罰則にあたる違反行為をしたこと。
⑩	事業の開廃等の届出をせず、又は偽ったこと。
⑪	軽油の引取り、引渡し、納入等についての報告・通知をせず、又はこれを偽ったこと。

⑫	代理人等又は代理人等であった者が、その代理人等である間の事実により、罰金以上の刑に処せられ、又は通告処分を受け、その通告の旨を履行したこと。
⑬	徴収して納入すべき軽油引取税を納入しなかったこと。
⑭	保全担保等を指定期限までに提供等をしなかったこと。

(2) 特約業者

① 軽油引取税における仮特約業者制度

(イ) 仮特約業者の意義

軽油引取税の引取課税における特別徴収制度において元売業者とともにその根幹をなす特約業者は、仮特約業者の指定を受け、その指定後一定期間を経ないと特約業者の指定を受けることができません（地法144の8）。

なお、仮特約業者は、特約業者と異なり、軽油引取税の特別徴収義務を負わないことから、元売業者又は特約業者以外の石油製品販売業者と全く同様に取り扱われます。

また、仮特約業者制度の意義及びその内容は、次のとおりです。

イ．仮特約業者制度の意義

特約業者の指定にあたり、特約業者としての要件を満たすものであるかどうかの調査を行うための十分な期間を確保し、軽油引取税のほ脱を図るおそれのある者が特約業者の指定を受けることを未然に防止することを旨とします。

ロ．仮特約業者制度の内容

元売業者との間に締結された販売契約に基づいてその元売業者から継続的に軽油の供給を受け、これを販売することを業とする者で特約業者としての指定を受けようとする者は、仮特約業者の指定を受け、その指定を受けた日から起算して1年を経ないと、

特約業者の指定を受けることができません。

ただし、仮特約業者が特約業者の指定要件の全てを満たしたときは、1年を経なくとも、特約業者の指定を受けることができます。

(ロ) 仮特約業者の指定及び指定の取消し

仮特約業者は、元売業者との間に締結された販売契約に基づいてその元売業者から継続的に軽油の供給を受け、これを販売することを業とする者で次のイに掲げる欠格要件に該当しないものの申請に基づき、その者の主たる事務所又は事業所所在の都道府県知事によって指定される（地法144の8①、地令43の9）ことから、仮特約業者の指定を申請しようとする者は、申請書に必要な書類を添付して、これをその主たる事務所又は事業所所在地の都道府県知事に提出しなければなりません（地規8の33）。

また、その都道府県知事は、仮特約業者が次のロに掲げる取消要件に該当することとなったときは、仮特約業者の指定を取り消すことができます（地法144の8③、地令43の10）。

イ．欠格要件

①	破産者で復権を得ていないことその他その経営の基礎は薄弱であると認められる者であること。
②	仮特約業者の指定を取り消された者で、その取消しの日から起算して2年を経過しないものであること。
③	特約業者の指定を取り消された者で、その取消しの日から起算して2年を経過しないものであること。
④	仮特約業者または特約業者の指定を取り消された者が法人である場合、その取消しの原因となった事実があった日以前1年以内にその法人の役員であった者でその取消しの日から起算して2年を経過しないものであること。
⑤	国税又は地方税の滞納処分を受け、その滞納処分の日から起算して2年を経過しない者であること。

⑥	国税若しくは地方税に関し罰金以外の刑に処せられ、又は通告処分を受け、その刑の執行を終わり、若しくは執行を受けることがなくなった日又はその通告の旨を履行した日から起算して3年を経過しない者であること。
⑦	法人であって、その役員のうち②から⑥までのいずれかに該当する者があること。

ロ．取消要件

（a）欠格要件に該当することとなったこと。

（b）次のいずれかに該当すること。

①	偽りその他不正の行為により指定を受けたこと。
②	特約契約に基づき元売業者から軽油の供給を受け、販売することを業とする者でなくなったこと。
③	仮特約業者又はその代理人等が帳簿書類等の検査又は見本品の軽油の採取を拒み、妨げ、又は忌避したこと。
④	仮特約業者又は代理人等が虚偽の記載又は記録をした帳簿書類を提示したこと。
⑤	仮特約業者又は代理人等が徴税吏員等の質問に対し、答弁をしないこと又虚偽の答弁をしたこと。
⑥	都道府県知事の承認を受けないで軽油の製造等を行い、又は偽りその他不正の手段によりその製造等の承認を受けたこと。
⑦	軽油の製造等に関する事実又は軽油の引取り、引渡し等についての帳簿の記載をせず、若しくは偽り、又はその帳簿を隠匿したこと。
⑧	供給者罰則にあたる違反行為をしたこと。
⑨	事業の開廃等の届出をせず、又は偽ったこと。
⑩	軽油の引取り、引渡し、納入等についての報告をせず、又はこれを偽ったこと。
⑪	代理人等又は代理人等であった者が、その代理人等である間の事実により、罰金以上の刑に処せられ、又は通告処分を受け、その通告の旨を履行したこと。

② **特約業者**

軽油引取税における特約業者とは、元売業者との間に締結された販

売契約に基づいてその元売業者から継続的に軽油の供給を受け、これを販売することを業とする者で、都道府県知事の指定を受けている者をいいます（地法144①三）。

③ **特約業者の指定及び指定の取消し**

特約業者の指定は、仮特約業者として指定された者のうち、次の(イ)に掲げる指定要件の全てを満たしている者を、その仮特約業者の申請に基づき、その仮特約業者の主たる事務所又は事業所所在地の都道府県知事が個別指定します（地法144の9①、地令43の11、地規8の36）。この場合、その都道府県知事は、あらかじめ関係都道府県知事の意見を聴かなければなりません。

したがって、特約業者の指定を申請しようとする仮特約業者は、申請書に必要な書類を添付して、これを主たる事務所又は事業所所在地の都道府県知事に提出しなければなりません（地規8の34）。

また、特約業者の主たる事務所又は事業所所在地の都道府県知事は、特約業者が次の（ロ）に掲げる取消要件に該当することとなったときは、特約業者の指定を取り消すことができます（地法144の9③、地令43の12）。

なお、主たる事務所又は事業所所在地の都道府県知事が特約業者を指定したときは、その特約業者の指定の効果は、全ての都道府県におよびます。

(イ)指定要件

①	その事業を的確に遂行するに足りる経理的基礎を有することその他の事情から軽油引取税の徴収の確保に支障がないと認められること
②	元売業者との間に締結された販売契約に基づいてその元売業者から継続的に軽油の供給を受け、これを販売することを業とする者であること

③	仮特約業者の欠格要件のいずれにも該当しないこと。
④	次のいずれかに該当する者であること。 （a）仮特約業者として1年以上引き続き軽油の販売をしている者 （b）仮特約業者として3ヶ月以上引き続き軽油の販売をしている者で、系列元売業者がその仮特約業者の納入すべき税について保証するもの
⑤	次の基準の全てに該当する者であること。 （a）石油の備蓄の確保等に関する法律第27条第1項の規定により石油販売業の届出を義務付けられている者においては、その届出を適正に行っていること。 （b）専ら元売業者以外の者に対し軽油を販売するものであること。 （c）専ら特約業者以外の者に対し軽油を販売するものであること。 （d）最近の3年における軽油の年間の販売量の平均が70キロリットル以上であること。

(ロ)取消要件

　イ．指定要件に該当しなくなったこと。

　ロ．次のいずれかに該当すること。

①	偽りその他不正の行為により指定を受けたこと。
②	1年以上引き続き軽油の販売をしていないこと。
③	特約業者又は特約業者の代理人、使用人その他の従業者（以下「代理人等」といいます。）が帳簿書類その他の物件の検査又は見本品の軽油の採取を拒み、妨げ、又は忌避したこと。
④	特約業者又は代理人等が虚偽の記載又は記録をした帳簿書類を提示したこと。
⑤	特約業者又は代理人等が徴税吏員等の質問に対し、答弁をしないこと又虚偽の答弁をしたこと。
⑥	都道府県知事の承認を受けないで軽油の製造等を行い、又は偽りその他不正の手段によりその製造等の承認を受けたこと。

⑦	軽油の製造等に関する事実又は軽油の引取り、引渡し等についての帳簿の記載をせず、若しくは偽り、又はその帳簿を隠匿したこと。
⑧	供給者罰則にあたる違反行為をしたこと。
⑨	事業の開廃等の届出をせず、又は偽ったこと。
⑩	軽油の引取り、引渡し、納入等についての報告・通知をせず、又はこれを偽ったこと。
⑪	代理人等又は代理人等であった者が、その代理人等である間の事実により、罰金以上の刑に処せられ、又は通告処分を受け、その通告の旨を履行したこと。
⑫	徴収して納入すべき軽油引取税を納入しなかったこと。
⑬	保全担保等を指定期限までに提供等をしなかったこと。

4 軽油の引取りに対する課税

引取課税については、軽油引取税の課税の主体をなすものであり、特約業者又は元売業者からの軽油の引取りでその引取りに係る軽油の現実の納入を伴うものに対し、その引取りを行う者に課されます（地法144の2①）。

(1) 軽油の引取りと軽油の現実の納入

軽油の引取り及び軽油の現実の納入とは、それぞれ次の①及び②に掲げることをいいます。

① 軽油の引取りとは、一般に、軽油の取引において、軽油を所有し、使用し、又は譲渡する目的をもって一の人格者から他の人格者にその軽油の実力的支配権が移転することをいいます（取扱通知（県）9章6(1)）。

② 軽油の現実の納入とは、一般に、軽油の取引において、軽油が一の人格者から他の人格者の直接的支配下に移転することをいいます（取扱通知（県）9章6(3)）。

(2) みなし引取り

特約業者又は元売業者からの軽油の引取りを行う者が軽油の現実の納入を受けない場合にその軽油について現実の納入を伴う引取りを行う者がいるときは、その現実の納入を伴う引取りを行う者がその納入時にその特約業者又は元売業者から軽油の引取りを行ったものとみなして、軽油引取税が課税されます（地法144の2②）。

(3) 課税の対象とならない軽油の引取り

特約業者又は元売業者からの軽油の引取りであっても、次の①及び②に掲げる軽油の引取りは課税の対象から除外されます（地法144の2①）。

ただし、元売業者の特約業者からの引取り及び特約業者の他の特約業者からの引取りは、課税対象となります。

① 特約業者が元売業者から軽油の引取りを行う場合におけるその軽油の引取り

② 元売業者が他の元売業者からの軽油の引取りを行う場合（通称「ジョイント」といいます。）におけるその軽油の引取り

(4) 軽油の流通過程における軽油引取税の課税関係

① 軽油の流通経路

軽油の製造業者が製造し、又は軽油の輸入業者が輸入した軽油は、軽油販売業者（元売業者）、特約業者（特約店）又は石油製品販売業者（販売店）を経て、最後には需要家に至ります。

② 軽油の流通過程における軽油引取税の課税

軽油の流通過程における軽油引取税の課税関係は、次の場合に発生します。

(イ)商取引上の軽油の流れ（商流）と現実の軽油の流れ（物流）が一致している場合

(ロ)特約業者が元売業者に出荷指図することにより軽油を販売する場

合

(ハ)特約業者から軽油の引取りを行う者がその引取りに係る軽油の現実の納入を受けない場合

(ニ)特約業者から軽油の引取りを行う販売業者がその引取りに係る軽油の現実の納入を受けることなく他の販売業者に引き渡す場合

(ホ)元売業者が他の元売業者から軽油の供給を受けた場合（ジョイントの場合）

(ヘ)元売業者が他の系列の特約業者からの引取りに係る軽油を自己の軽油として系列下の特約業者等に販売する場合

(ト)元売業者が直接需要家に軽油を販売した場合

(5) 引取課税における課税団体

軽油引取税の課税団体は、その引取りに係る軽油の現実の納入を伴うものに係るその軽油の納入地所在の都道府県とされています（地法144の2①）。

(6) 引取課税に係る課税標準

引取課税における課税標準は、次の算式により算定した課税標準量とされています（地法144の2①、144の14②、③、地令43の13）。

〔算式〕

| 課税標準量 | ＝ | 軽油の引取りで軽油の現実の納入を伴うものの軽油の数量 | － | 法定欠減量 |

① 特約業者からの引取りに係る軽油については、その軽油の数量に1％を乗じた数量
② 元売業者からの引取りに係る軽油については、その軽油の数量に0.3％を乗じた数量

(7) 税率

軽油引取税の税率については一定税率で、1キロリットルにつき15,000円とされています（地法144の10）。

ただし、当分の間、1キロリットルにつき32,100円とされています（地法附則12の2の8）。

なお、軽油引取税の税率を1キロリットルにつき32,100円とする特例措置の停止措置（揮発油価格高騰時におけるこの特例税率を停止する措置（地法附則12の2の9））を別の法律で定める日までその適用を停止することとされています（地法附則53）。

(8) 引取課税に係る軽油引取税の徴収方法

引取課税に係る軽油引取税は、特別徴収の方法により徴収されます（地法144の13）。

① 特別徴収義務者の指定

引取課税に係る軽油引取税については、元売業者又は特約業者その他徴収の便宜を有する者がその都道府県の条例によって特別徴収義務者として指定され、この者に徴収させることとなっています（地法144の14①）。

② 特別徴収義務者の登録及び証票の交付

特別徴収義務者として指定された者は、その事務所又は事業所所在地の都道府県知事及びその特別徴収義務者からの引取りに係る軽油の納入地の都道府県知事に、軽油引取税の特別徴収義務者としての登録を申請しなければなりません（地法144の15①）。

この登録の申請が受理された場合には、その者がその都道府県に係る特別徴収義務者として登録されるとともに、その都道府県内に事務所又は事業所を有する者に対しては、その都道府県知事から、その者のその都道府県内に所在する事務所又は事業所ごとに、その者が軽油

引取税を徴収すべき義務を課せられた者（特別徴収義務者）であることを証する証票（特別徴収義務者証）が交付されます（地法144の16①、②）。

③ **特別徴収義務者の申告納入義務**

特別徴収義務者の申告納入は、納入申告書を提出し納入金を納付することになります（地法144の14②）。

なお、その登録特別徴収義務者は、その登録に係る都道府県に納入すべき軽油引取税がない場合でも、納入申告書を提出しなければなりません（地法144の14⑤）。

5 課税免除

(1) 輸出及び二重課税の回避のための課税免除

次に掲げる軽油の引取りに対しては、都道府県知事の承認があった場合に限り、軽油引取税の課税が免除されます（地法144の5）。

① 軽油の引取りで本邦からの輸出として行われたもの
② 既に軽油引取税を課税された軽油に係る引取り

(2) 用途による課税免除

次に掲げる免税軽油使用者（事業の主体）がそれぞれに掲げる免税用途に供するために引取りした軽油については、都道府県知事の承認があった場合に限り、軽油引取税の課税が免除されます（地法144の6、地法附則12の2の7、地令43の6、地令附則10の2の2、地規附則4の7）。

なお、これらの課税免除は、次表の①に掲げるものを除き、平成30年3月31日までに行われる軽油の引取りに対して適用されます（地法附則12の2の7）。

	免税軽油使用者	免税用途
①	石油化学製品を製造する事業を営む者	(イ)エチレン、プロピレン、ブチレン、ノルマルパラフィン、硝安油剤爆薬、潤滑油、グリース又は印刷用インキ用溶剤の原料（ノルマルパラフィンにおいては、ノルマルパラフィンとなる部分に限ります。）の用途 (ロ)ポリプロピレンの製造工程における物性改良のためのアモルファスポリマーの粘性低下の用途
②	船舶の使用者	船舶の動力源の用途
③	自衛隊の使用する機械を管理する者	自衛隊の使用する通信の用に供する機械、自動車（道路運送車両法の登録を受けている自動車等を除きます。）その他これらに類する機械の電源又は動力源の用途
④	鉄道事業又は軌道事業を営む者	鉄道用車両又は軌道用車両の動力源の用途
⑤	日本貨物鉄道株式会社	駅（専用側線に係るものを除きます。）の構内又はコンテナー貨物の取扱いを行う場所において専らコンテナー貨物の積卸しの用に供するフォークリフトその他これに類する機械の動力源の用途
⑥	農業又は林業を営む者、委託を受けて農作業を行う者、農地の造成等を主たる業務とする者及び素材生産業を営む者	農業又は林業の用に供する機械及びその業務の用に供する機械で次に掲げるものの動力源の用途 (イ)動力耕うん機その他の耕うん整地用機械、栽培管理用機械、収穫調整用機械、植物繊維用機械及び畜産用機械 (ロ)製材機、集材機、積込機及び可搬式チップ製造機
⑦	セメント製品製造業（⑧の製造業を除きます。）を営む者	その者の事業場内において専らセメント製品又はその原材料の積卸しのために使用するフォークリフトその他これに類する機械の動力源の用途
⑧	生コンクリート製造業を営む者	その者（その生コンクリートを事業場外で自ら運搬するものを除きます。）の事業場内において専ら骨材の積卸しのために使用するフォークリフトその他これに類する機械の動力源の用途

⑨	電気供給業を営む者	(イ)汽力発電装置の助燃の用途(軽油専焼バーナー及び重油加熱バーナーによるものに限ります。) (ロ)ガスタービン発電装置の動力源の用途
⑩	地熱資源開発事業を営む者	地熱資源の開発のために使用する動力付試すい機の動力源の用途
⑪	鉱物(岩石及び砂利を含みます。)の掘採事業を営む者	削岩機及び動力付試すい機並びに鉱物の掘採事業を営む者の事業場内において専ら鉱物の掘採・積込み・運搬のために使用する機械の動力源の用途
⑫	とび、土木工事業を営む者	とび、土木・コンクリート工事の工事現場において専らくい打ち、くい抜き、掘削又は運搬のために使用する建設機械でカタピラを有するものの者動力源の用途
⑬	鉱さいバラス製造業を営む者	事業場内において専ら鉱さいの破砕又は鉱さいバラスの集積・積込みに使用する機械の動力源の用途
⑭	港湾運送業を営む者	港湾において専ら港湾運送のために使用されるブルドーザーその他これに類する機械の動力源の用途
⑮	倉庫業を営む者	倉庫において専ら倉庫業のために使用されるフォークリフトその他これに類する機械の動力源の用途
⑯	鉄道(軌道を含みます。)に係る貨物利用運送業又は鉄道貨物積卸業を営む者	駅(専用側線のために設けられたものを除きます。)の構内において専ら鉄道運送事業者の行う貨物の運送に係るもの又は鉄道(軌道を含みます。)の車両への積込み若しくは取卸しの事業のために使用されるフォークリフトその他これに類する機械の動力源の用途
⑰	航空運送サービス業を営む者	総務省令で定める空港で専ら航空機への旅客の乗降、航空貨物の積卸し若しくは運搬又は航空機の整備のために使用するパッセンジャーステップ、ベルトローダー、高所作業車等の動力源の用途
⑱	廃棄物処理事業を営む者	廃棄物の埋立地内において専ら廃棄物の処分のために使用する機械の動力源の用途
⑲	木材加工業を営む者	その者の事業場内において専ら木材の積卸しのために使用する機械の動力源の用途
⑳	木材市場業を営む者	その者の事業場内において専ら木材の積卸しのために使用する機械の動力源の用途

| ㉑ | 堆肥製造業を営む者 | その者の事業場内において専ら堆肥の製造工程で使用する機械又は堆肥等の積卸し若しくは運搬のために使用する機械の動力源の用途 |
| ㉒ | 索道事業を営む者 | 専らそのスキー場の整備のために使用する積雪を圧縮するための機械又は雪を製造するための機械の動力源の用途 |

(3) 用途による課税免除の手続

　用途による課税免除は、免除取扱特別徴収義務者が、その都道府県知事が交付した免税証及びその数量を証する書面を納入申告書に添付して、その都道府県知事の承認を受けた場合に適用されます（地法144の14④、地法附則12の2の7）。

　課税免除の手続は次のとおりです。

① 免税軽油使用者が直接免税取扱特別徴収義務者から免税軽油を引取る場合

　　地法144の21、地法附則12の2の7②、地令43の15、地令附則10の2の2⑦、地規8の38参照

② 免税軽油使用者が直接免税取扱特別徴収義務者以外の販売業者から免税軽油を引取る場合

　　地法144の21⑦、地法附則12の2の7②参照

6 軽油引取税の指定市に対する交付

　次の(1)に掲げる指定道府県は、(2)に掲げる額を、(1)の指定市に対して交付します（地方144の60①）。

(1) 道路法第7条第3項に規定する指定市（京都市、大阪市、横浜市、神戸市、名古屋市、北九州市、札幌市、川崎市、福岡市、広島市、仙台市、千葉市、さいたま市、静岡市、堺市、新潟市、浜松市、岡山市、相模原市及び熊本市をいいます。）を包括する指定道府県

(2) 上記(1)の指定市に対し、その徴収した軽油引取税額に相当する額の10分の9に相当する額にその指定市の区域内の存する一般国道等(一般国道、高速自動車国道及び道府県道(その指定道府県又は指定市がその管理について経費を負担していないもの等を除きます。)をいいます。)の面積をその指定道府県の区域内に存する一般国道等の面積で除した数を乗じた額を交付します。

　なお、一般国道等の面積については、道路の種類、幅員による道路の種別その他の事情を参酌して、補正することができることとされており(地法144の60②)、総務省令第8条の58において具体的な補正が定められています。

第6章

レジャーと税金

1 道府県たばこ税と市町村たばこ税

1 概要

たばこについては、消費税及び地方消費税のほかに、国税として国のたばこ税及びたばこ特別税が、地方税として道府県が課税する道府県たばこ税及び都が課税する都たばこ税（以下「道府県たばこ税」と総称します。）と市町村が課税する市町村たばこ税及び特別区が課税する特別区たばこ税（以下「市町村たばこ税」と総称します。）がそれぞれ課税されています。

道府県たばこ税及び市町村たばこ税の課税要件等は次のとおりです（地法2章5節、3章4節、地法附則12の2、30の2）。

2 納税義務者

製造たばこの製造者、特定販売業者及び卸売販売業者（以下「卸売販売業者等」といいます。）

納税義務者は、上記図で、➡のときは、卸売販売業者
⇨のときは、製造たばこの製造者又は特定販売業者

3 課税客体

卸売販売業者等が行う小売販売業者若しくは消費者等への売渡し又は消費等に係る製造たばこ

4 課税団体

(1) 製造たばこが卸売販売業者等から小売販売業者に売り渡される場合には、その小売販売業者の営業所所在の都道府県又は市区町村
(2) 卸売販売業者等が消費者等に売渡しをし、又は消費等する場合には、その卸売販売業者等の事務所又は事業所でその売渡し又は消費等に係る製造たばこを直接管理するものが所在する都道府県又は市区町村

5 課税標準

道府県たばこ税と市町村たばこ税の課税標準は、売渡し又は消費等に係る製造たばこの本数です。

なお、製造たばこの本数は、喫煙用の紙巻たばこの本数によるものとされ、次表の区分欄に掲げる製造たばこの本数の算定については、その区分に応じ、それぞれに定める重量をもって喫煙用の紙巻たばこの1本に換算します。

区分		重量
① 喫煙用の製造たばこ	パイプ及び葉巻たばこ	1グラム
	刻みたばこ	2グラム
② かみ用及びかぎ用の製造たばこ		2グラム

6 税率

税率は次のとおりです。

(円／千本)

区分	道府県たばこ税	市町村たばこ税	国たばこ税	たばこ特別税
① 旧3級品以外	860	5,262	5,302	820
② 旧3級品	411	2,495	2,517	389

なお、平成27年度税制改正により旧3級品の製造たばこに係る上記の特例税率は廃止することとされており（改正後の地法附則12の2、30の2）、その廃止にあたって、激変緩和等の観点から、次のような経過措置が講じられています（平成27年改正地法附則12②、20②）。

(円／千本)

区分	地方のたばこ税		国のたばこ税	
	道府県たばこ税	市町村たばこ税	国たばこ税	たばこ特別税
平成28.4.1～	481円	2,925円	2,950円	456円
平成29.4.1～	551円	3,355円	3,383円	523円
平成30.4.1～	656円	4,000円	4,032円	624円
平成31.4.1～	860円	5,262円	5,302円	820円

7 課税免除

卸売販売業者等が次に掲げる製造たばこの売渡し又は消費等をする場合には、その売渡し又は消費等に係る製造たばこに対しては、道府県たばこ税又は市町村たばこ税が課税免除されます。

① 製造たばこの本邦からの輸出又は輸出の目的で行われる輸出業者に対する売渡し
② 本邦と外国との間を往来する本邦の船舶又は航空機に船用品又は機

用品として積み込むための製造たばこの売渡し
③　品質が悪変し、又は包装が破損し、若しくは汚染した製造たばこその他販売に適しないと認められる製造たばこの廃棄
④　既に道府県たばこ税又は市町村たばこ税を課税された製造たばこの売渡し又は消費等

8 申告納付の手続

　道府県たばこ税又は市町村たばこ税を申告納付すべき者は、毎月末日までに、前月の初日から末日までの間における売渡し等に係る製造たばこの課税標準数量、税額等を記載した申告書を都道府県知事又は市町村長に提出し、その申告書により納付すべき税額をその都道府県又は市町村に納付しなければなりません。

9 市町村たばこ税の都道府県に対する交付

　市区町村は、その年度に納付された市町村たばこ税の額が課税定額を超える場合には、その超える部分の額をその市区町村を包括する都道府県に対してその翌年度に交付します。
　なお、課税定額とは、次の算式で算定した額とされています。
〔算式〕

$$A \times \frac{B}{C} \times D$$

A：前々年度の全国の市町村たばこ税の額の合計額
B：その市区町村のたばこ消費基礎人口に2を乗じて得た数
C：全国のたばこ消費基礎人口の合計
D：調整率

---

2 ゴルフ場利用税

1 概要

ゴルフ場利用税は、ゴルフ場所在の都道府県が、ゴルフ場の利用者に対し、利用の日ごとに定額で、その利用者に課税する都道府県税です。

ゴルフ場利用税は、ゴルフ場を利用する者のその支出行為に担税力を見出し、その利用者に対して課税する一種の消費税であり、税収の7割がゴルフ場所在市町村又は特別区（以下「市区町村」といいます。）にゴルフ場利用税交付金として交付されています。

ゴルフ場利用税の課税要件等は以下のとおりです（地法2章6節）。

2 納税義務者

ゴルフ場の利用者

3 課税客体

ゴルフ場(*)の利用行為

(*) ゴルフ場とは、ホールの数が18ホール以上であり、かつ、コースの総延長をホールの数で除した数値（以下「ホールの平均距離」といいます。）が100メートル以上の施設（その施設の総面積が10万平方メートル未満のものを除きます。）及びホールの数が18ホール未満のものであっても、ホールの数が9ホール以上であり、かつ、ホールの平均距離が概ね150メートル以上の施設をいいます（取扱通知（県）7章1）。

4 非課税

次の場合は、ゴルフ場利用税は非課税となります。
① 年齢18歳未満の者、年齢70歳以上の者及び障害者のゴルフ場の利用（これらの者に該当する旨をその者が証明する場合に限ります。）
② 国民体育大会のゴルフ競技に参加する選手が、ゴルフ競技として行うゴルフ場の利用（都道府県知事又は都道府県の教育委員会がその旨を証明する場合に限ります。）
③ 学生、生徒若しくは児童又はこれらの者を引率する教員が学校の教育活動として行うゴルフ場の利用（学長又は校長がその旨を証明する場合に限ります。）

5 税率

税率は次のとおりです。
① 標準税率　1人1日につき　　800円
② 制限税率　1人1日につき　1,200円

なお、ゴルフ場のうち800円の標準税率が適用されるものは、ホールの数が18ホール以上であり、かつ、施設の整備の状況等が標準的なゴルフ場です。標準税率の適用されるゴルフ場以外のゴルフ場については、標準税率の適用されるゴルフ場との利用料金の相違によるほか、ホールの数、施設の整備の状況等の相違を勘案して数段階の税率区分を設けることができます（取扱通知（県）7章3（2））。

6 特別徴収の手続

① ゴルフ場利用税は、ゴルフ場の経営者その他徴収の便宜を有する者が

ゴルフ場所在の都道府県の条例によって特別徴収義務者として指定され、これらの者が徴収することになっています。
② 特別徴収義務者は、条例で定める日（通常、翌月の15日）までにその徴収すべき税額を納入しなければなりません。

7 ゴルフ場利用税交付金

都道府県は、その都道府県内のゴルフ場所在の市区町村に対し、その都道府県に納入されたその市区町村の所在するゴルフ場に係るゴルフ場利用税の額の10分の7に相当する額を交付します。

3 狩猟税

1 概要

狩猟税は、都道府県が鳥獣の保護及び狩猟に関する行政の実施に要する費用に充てるため、都道府県知事の狩猟者の登録を受ける者に対して課税する目的税です。

狩猟税の課税要件等は、次のとおりです（地法4章3節、地法附則32）。

2 納税義務者

都道府県知事の狩猟者の登録を受ける者

3 課税客体

狩猟者の登録

4 非課税

次の場合は、狩猟税は非課税となります。

① 鳥獣による農林水産業等に係る被害の防止のための特別措置に関する法律に規定する対象鳥獣捕獲員に係る狩猟者の登録をした場合のその対象鳥獣捕獲員に対する狩猟税（ただし、その登録が平成27年4月1日から平成31年3月31日までの間に行われた場合に限ります。）（地法附則32①）

② 鳥獣の保護及び管理並びに狩猟の適正化に関する法律に規定する認

定鳥獣捕獲事業者の従事者に係る狩猟者の登録をした場合のその従事者に対する狩猟税（ただし、その登録が平成27年5月29日から平成31年3月31日までの間に行われた場合に限ります。）（地法附則32②）

5 課税団体

狩猟者の登録を受ける都道府県

6 税率

(1) 第1種銃猟免許（装薬銃を使用する猟法に係る狩猟免許）に係る狩猟者の登録を受ける者

① ②以外の者……16,500円
② その年度の道府県民税の所得割額を納付することを要しないもののうち控除対象配偶者又は扶養親族に該当する者（農業、水産業又は林業に従事している者を除きます。）以外の者……11,000円

(2) 網・わな猟免許（網・わな等銃器以外の猟具を使用する法定猟法に係る狩猟免許）に係る狩猟者の登録を受ける者

① ②以外の者……8,200円
② その年度の道府県民税の所得割額を納付することを要しないもののうち控除対象配偶者又は扶養親族に該当する者（農業、水産業又は林業に従事している者を除きます。）以外の者……5,500円

(3) 第2種銃猟免許（空気銃を使用する猟法に係る狩猟免許）に係る狩猟者の登録を受ける者

5,500円

7 税率の特例

(1) 狩猟者の登録が次に掲げる登録のいずれかに該当する場合におけるそ

の狩猟者の登録に係る狩猟税の税率は、上記 **6** の（1）、（2）及び（3）の税率に次に定める割合を乗じた税率とされています（地法700の52②）。

① 放鳥獣猟区（専ら放鳥獣をされた狩猟鳥獣の捕獲を目的とする猟区をいいます。）のみに係る狩猟者の登録……4分の1

② ①の狩猟者の登録を受けている者が受ける放鳥獣猟区及び放鳥獣猟区以外の場所に係る狩猟者の登録……4分の3

(2) 狩猟者登録の申請書を提出する日前1年以内の期間に、鳥獣の保護及び管理並びに狩猟の適正化に関する法律の許可を受け、その許可に係る鳥獣の捕獲等を行った者が受ける狩猟者の登録が、平成27年4月1日から平成31年3月31日までの間に行われた場合におけるその狩猟者に係る狩猟税の税率は、上記 **6** の（1）、（2）及び（3）の税率に2分の1を乗じた税率とされています（地法附則32の2①）。

(3) 狩猟者登録の申請書を提出する日前1年以内の期間に、鳥獣の保護及び管理並びに狩猟の適正化に関する法律に規定する従事者（認定鳥獣捕獲等事業者の従事者を除きます。）として従事者証の交付を受けて、その従事者証に係る鳥獣の捕獲等を行った者が受ける狩猟者の登録が、平成27年4月1日から平成31年3月31日までの間に行われた場合におけるその狩猟者に係る狩猟税の税率は、上記 **6** の（1）、（2）及び（3）の税率に2分の1を乗じた税率とされています（地法附則32の2②）。

8 賦課期日及び納期

(1) 賦課期日については、都道府県の条例で定める日とされており、条例では、一般的に「狩猟登録をする日」と定められています。

(2) 納期についても、都道府県の条例で定める日とされています。

9 徴収の方法

徴収については、都道府県の条例によって、普通徴収又は証紙徴収の方法により徴収されますが、条例では、通常「狩猟税の徴収については、証紙徴収の方法による。ただし、知事が必要と認める場合においては、普通徴収の方法による。」と規定されています。

4 入湯税

1 概要

　入湯税は、鉱泉浴場所在の市町村又は特別区（以下「市区町村」といいます。）が、環境衛生施設、鉱泉源の保護管理施設及び消防施設その他消防活動に必要な施設の整備並びに観光の振興（観光施設の整備を含みます。）に要する費用に充てるため、鉱泉浴場における入湯に対し、入湯客に課税する目的税です。

　入湯税の課税要件等は、次のとおりです（地法4章4節）。

2 納税義務者

　鉱泉浴場（＊）における入湯客

（＊）鉱泉浴場とは、原則として温泉法にいう温泉を利用する浴場をいいますが、同法の温泉に類するもので鉱泉と認められるものを利用する浴場等社会通念上鉱泉浴場として認識されるものも含まれます（取扱通知（市）9章2）。

3 課税客体

　鉱泉浴場における入湯行為

　なお、一般公衆浴場及び共同浴場における入湯行為等公衆の日常行為とみられる入湯行為については、課税されません。

4 課税団体

鉱泉浴場所在の市区町村

5 税率

1人1日につき150円が標準とされています。

6 徴収の方法

特別徴収の方法により徴収されます。

市区町村は、鉱泉浴場の経営者その他徴収の便宜を有する者をその市区町村の条例で特別徴収義務者として指定し、その者が鉱泉浴場の入湯客（納税義務者）に係る入湯税を徴収します。その特別徴収義務者は、その市区町村の条例で定める納期限までに、入湯税に係る納入申告書を提出し、この納入金をその市区町村に納入しなければなりません。

第7章 その他

1 法定外税

　地方税法においては、都道府県並びに市町村及び特別区（以下「地方団体」と総称します。）の課税自主権を尊重し、各地方団体が、自らの判断と責任において地方税の運用を行うための制度として、法定外税制度が設けられています。

　この法定外税は、地方団体が、地方税法で具体的に規定する税目以外に、総務大臣の同意を得て創設する税金で、その税収の使途について制限がないものを法定外普通税といい、その使途が特定されているものを法定外目的税といいます。さらに、課税主体によって次のように区分されます。

法定外税	法定外普通税	都道府県法定外普通税
		市町村法定外普通税
	法定外目的税	都道府県法定外目的税
		市町村法定外目的税

1 設定手続

　地方団体は、法定外税制度を新設し、又は変更(*)しようとする場合においては、あらかじめ、総務大臣と協議し、その同意を得なければならないとされています。この場合、この協議の申出を受けた総務大臣は、その旨を財務大臣に通知するとともに、地方財政審議会の意見を聴き、その協議の申出に係る法定外税について、次の 2 に掲げる不同意の事由のいずれかがあると認める場合を除き、これに同意しなければなりません（地法2章11節、3章9節、4章8節）。

なお、地方団体は、法定外税の納税義務者であってその納税義務者に対して課税すべきその法定外税の課税標準の合計が課税標準の合計の10分の1を継続的に超えると見込まれるもの（以下「特定納税義務者」といいます。）がある場合、その法定外税の新設又は変更をする旨の条例を制定しようとするときは、その地方団体の議会において、その特定納税義務者の意見を聴くこととされています。
（＊）法定外税の税率の引下げ、廃止及び課税期間の短縮を除きます。

2 総務大臣の同意

　総務大臣は、法定外税の新設又は変更についての協議の申出を受けた場合には、その協議の申出に係る法定外税について、次に掲げる不同意の事由のいずれかに該当すると認める場合を除き、これに同意しなければならないとされています（地法261、671、733）。
(1) 国税又は他の地方税と課税標準を同じくし、かつ、住民の負担が著しく過重となること
(2) 地方団体間における物の流通や流通価格に重大な障害を与えること
(3) (1)及び(2)に掲げるものを除くほか、国の経済政策に照らして適当でないこと

3 法定外税の実施状況

　平成29年4月1日現在の法定外税の実施状況は、次のとおりです。
(1) 法定外普通税
① 都道府県法定外普通税

税目	実施団体
石油価格調整税	沖縄県

税目	実施団体
核燃料税	北海道、宮城県、新潟県、石川県、福井県、静岡県、島根県、愛媛県、佐賀県、鹿児島県
核燃料等取扱税	茨城県
核燃料物質等取扱税	青森県

② 市町村法定外普通税

税目	実施団体
砂利採取税	神奈川県山北町
別荘等所有税	静岡県熱海市
歴史と文化の環境税	福岡県太宰府市
使用済核燃料税	鹿児島県薩摩川内市
狭小住戸集合住宅税	東京都豊島区
空港連絡橋利用税	大阪府泉佐野市

(2) 法定外目的税

① 都道府県法定外目的税

税目	実施団体
産業廃棄物税	青森県、岩手県、宮城県、秋田県、山形県、福島県、新潟県、三重県、愛知県、滋賀県、京都府、奈良県、山口県、福岡県、佐賀県、長崎県、熊本県、大分県、宮崎県、鹿児島県、沖縄県
産業廃棄物処理税	岡山県
産業廃棄物埋立税	広島県
産業廃棄物処分場税	鳥取県
産業廃棄物減量税	島根県
循環資源利用促進税	北海道
資源循環促進税	愛媛県
乗鞍環境保全税	岐阜県
宿泊税	東京都、大阪府

② 市町村法定外目的税

税目	実施団体
遊漁税	山梨県富士河口湖町
環境未来税	福岡県北九州市
使用済核燃料税	新潟県柏崎市
環境協力税	沖縄県伊是名村、沖縄県伊平屋村、沖縄県渡嘉敷村
開発事業等緑化負担税	大阪府箕市

■ 著者紹介 ■

山形 富夫（やまがた とみお）

税理士（山形富夫税理士事務所）
宮城県出身　明治大学商学部商学科・中央大学法学部法律学科卒
昭和44年、仙台国税局に採用後、東京国税局などで主に所得税関係の事務に携わる。
平成14年　税務大学校教育第二部教授
平成15年　国税不服審判所審判官
平成18年　東京国税局課税第一部資料調査第一課長
平成20年　東京国税不服審判所横浜支所長
平成21年　千葉東税務署長
平成22年　芝税務署長
平成23年　税理士登録

【著書】
「Q&A　所得税　控除適用の可否判断」（新日本法規出版㈱）
「[新版] 税理士必携　誤りやすい申告税務詳解　Q&A」（共著）（㈱清文社）
「所得税・資産税関係　税務特例利用の手引」（共著）（新日本法規出版㈱）
「譲渡所得課税をめぐる費用認定と税務判断」（㈱清文社）

税務の基礎からエッセンスまで
主要地方税ハンドブック

2017年12月25日　発行

著　者　　山形　富夫　Ⓒ

発行者　　小泉　定裕

発行所　　株式会社 清文社
　　　　　東京都千代田区内神田1－6－6（MIFビル）
　　　　　〒101-0047　電話03(6273)7946　FAX03(3518)0299
　　　　　大阪市北区天神橋2丁目北2－6（大和南森町ビル）
　　　　　〒530-0041　電話06(6135)4050　FAX06(6135)4059
　　　　　URL http://www.skattsei.co.jp/

印刷：奥村印刷㈱

■著作権法により無断複写複製は禁止されています。落丁本・乱丁本はお取り替えします。
■本書の内容に関するお問い合わせは編集部までFAX(03-3518-8864)でお願いします。
■本書の追録情報等は、当社ホームページ（http://www.skattsei.co.jp/）をご覧ください。

ISBN978-4-433-63807-8